地味町ひとり散歩

「たま」のランニングの大将放浪記

石川浩司

地味町ひとり散歩

「たま」のランニングの大将放浪記

石川浩司

目次

カバー写真◉高尾の居酒屋「廣や」
カ　メ　ラ◉有坂政晴

まえがき

「おやっ、この細い道はどこに繋がってるんだろう?」

子供の頃から、知らない道をちょっとした探検気分で歩くのが好きでした。そこで意外なお店や壊れかけた廃屋などを発見すると、とてもワクワクしている自分がいました。

大人になり、自分で使えるお金が少し出来るといろんな場所に旅行にも行きました。最初は御多分に洩れず有名観光地などに行っていたのですが、しばらくしてそれに飽きてきた自分に気づきました。何故なら観光地は大抵フォーマット化され、どこも似たような感じになっていくことが多かったからです。古い建物がウリのはずなのに、それを綺麗に整備することで侘び寂び感が無くなり、本来の魅力だったものを打ち消していることもあると。そこで僕は「観光地じゃなくても、自分なりの見方で観光出来れば楽しい場所もあるんじゃないか」と思い歩き始めました。と、ちょっと視点を変えると面白いものはいくらでも転がってるじゃあーりませんか。少しだけ価値観を変えることで、何も無い町が愉快な観光地へと変貌するのです。これが僕がひとり散歩を始めたキッカケでした。

……あっ、すいません。長々とまず語ってしまいましたが「ところでアンタ、誰なんだい?」という方の為に自己紹介をさせていただきます。僕は昔「たま」というバンドで桶や鍋などのガラクタパーカッションを叩いていて、一九九〇年にはＮＨＫの紅白歌合戦にも出ました。現在そのバンドは既に解散していますが、今はソロでギター弾き語りや、映画やテレビドラマなどに最近よく音楽が使われる「パスカルズ」というバンドなどで活動しています。そして僕が坊主頭にランニングシャツ（現在はタンクトップと呼ばれることが多いですが、僕ら世代はこう呼んでいました）、半ズボンという格好で、意識してそうしたわけではないですが「山下清のようだね」とよく言われていたので、この本のサブタイトル『「たま」のランニングの大将放浪記』も山下清さんの『裸の大将放浪記』になぞって付けました。実際、大林宣彦監督の『この空の花長岡花火物語』という映画では山下清役をやらせていただいたこともあり、そんな僕は山下清さん同様、知らない町をうろつくのが大好きだったのです。

このコラムは元々「ＤＡＮＲＯ」というネットマガジンで発表されたもので構成したものです。その連載がこの「地味町ひとり散歩」というものでした。

仕事柄ライブツアーで地方を訪れることも多かったので、その前後に知らない町の散歩もしやすかったのです。ところがお読みいただければ分かると思いますが、連載の始まった二〇二〇年、奇しくも時代はコロナ流行期に入り、なかなか町歩きに苦戦することもありました。ただ、それもその時代を反映する、ある意味での「コロナ禍の最中の見知らぬ町の状況」として記録になっているかもしれません。

そんなことも踏まえつつお読みいただければ、ボ、ボクは嬉しいんだなぁ。

第1回

大都市のすぐそばにある無名の町「枇杷島」を歩いてみた

愛知県

2020年10月24日

僕のライブ活動歴は約四十年。名古屋《なごや》は東京以外で一番近い大都市なのでツアーも組まれやすく、おそらく今まで百回近くは訪れています。しかしその名古屋駅からJRでひとつ先の各駅停車の駅「枇杷島《びわじま》」は駅名表示板で名前はよく見ていたものの、一度も訪れたことのない地味町です。

地図を見ると歩ける距離では名鉄の東枇杷島駅、西枇杷島駅、そしてJRの枇杷島駅があります。ここを巡って枇杷島をセーハしようというのが今回の企画です。

と、いきなり前触れもなく温泉が現れました。白山温泉。これは入っていかねば！　しかし入口を見ると開店時間は午後三時から。今はまだ二時。なのですぐ横にある公園で時間を潰すことにしました。カラフルな鉄の傘の下のベンチに腰掛け、持って来た東海林《しょうじ》さだおさんの文庫本をめくります。東海林さんは僕の文体に一番影響を与えた作家です。漫画家として有名ですが、エッセイもこの人ほど安定して面白いものを書く人を知りません。僕もこの人に少しでも近づけたら、といつも念頭に置いて書いています。

子供たちがかくれんぼをしています。「もーいーかーい」「まーだだよー」は昭和の頃から変わらない風景で和みました。ちなみに僕がソロで歌っている「夏のお皿はよく割れる」という歌では曲中でかくれんぼをするパフォーマンスが入ります。毎回時事ネタもしくは地方ネタなどを即興で取り入れるのですが、目を開けるとなんらかの理由で友達がいなくなっているという趣向の歌です。これは寺山修司さんの映画『田園に死す』の場面からインスパイアされて出来た歌です。

などとつらつらと考えている間に開店時間が来たので入湯です。料金は普通の銭湯料金です。ふだんはあまりサウナには入らないのですがプラス百円で薬草サウナに入れてタオルも貸してもらえるので、それにします。開店直後ですが洗い場はほぼ満員。どうやら老人たちの憩いの場となっているのか、あちこちで「最近どうでぇ」「いや、腰がちょっとね〜」などの会話が弾んでます。いや、病気の話だから弾むという表現はおかしいですか。でもどことなく楽しそうなんですよね。僕もライブハウスの楽屋での同世代の話題は、めっきり病気の話が増えましたからね。だけどふと「このコロナの時期にマスクも外した密の銭湯って大丈夫かな?」とも思ってしまいました。早くそんな心配もせずに、ゆっくり浸かりたいものです。

半野外に「くすり風呂」という岩風呂があり、ここに何の薬を入れているのかは書いていませんでしたが、まさに血の池地獄のような毒々しい真っ赤なお風呂でなんだか面白かったです。その隣の薬草サウナも、ミスト状の薬草の匂いが健康に良さそうな雰囲気でとても気持ち良かったです。

さて、温泉を出てポカポカになって国道沿いを行くと大きな橋が。庄内川です。平仮名で書くとしょーない川ですが立派な川です。右手の橋には名鉄の赤い電車、左手の橋には新幹線が次々通るので鉄道マニアなら一日いても飽きないロケーションなのかもしれません。ちょうど夕暮れ時で川もオレンジ色に染まり、気分もなんだか盛り上がってきます。ちなみにこの川を境に名古屋市から清須《きよす》市に入ります。河原に腰掛け、さっきの温泉で手に入れた「じゃばらまる」というジュースをグイッとひと飲み。

僕の街歩きはちょっとだけ普通の人と違います。それは街に無数にある自販機をひとつずつチェックしていくことにあります。僕は空き缶コレクターなのです。でも空き缶と言っても落ちているものを拾うのではなく「自分の飲んだドリンクの空き缶コレクター」なので、僕の風体だけ見て「あ、石川の本業は空き缶回収業者なんだ」と間違えないでくださいね。それを三十五年間続けていて、二〇一九年には『懐かしの空き缶大図鑑』（東海教育研究所）という本も上梓しました。とにかくそういうことなので、まだ持っていない缶があるかもしれないので、自販機をいちいち覗いてまわるのです。飲み終わった空き缶はもちろんコレクションにします。洗い場が無いのでとりあえず飲み口にティッシュをぎゅうぎゅう詰め、残った水分が漏れないようにバッグに仕舞いました。

川の近くの路地に突然、変な大根を持った男の像が現れました。なんじゃらほいと思ってネットで調べたら、「にしび夢だいこん像」というもので、昔このあたりに青物市があり、江戸末期に編纂された「尾張名所図会」のイラストに基づいて作られたらしいです。「この先、だいこん像」という案内板などもなかったので、おそらく地元の人でもあまり知らないであろう隠れた史跡のようでした。

西枇杷島駅が近づいて来ました。と、廃ビルと思われる建物の側面に巨大なトマソン物件発見！　トマソンとは、僕が師と仰ぐ赤瀬川原平さんらが提唱した超芸術と呼ばれる物で、街などに点在する「なぜか大事に扱われている無用の長物」のこと。意図されずに出来てしまった芸術品という感じでしょうか。ゲーリー・トマソンという元巨人軍の外国人選手が、四番打者なのに空振りし続けたことから、無用の長物の代名詞として名付けられたそうです。これは「原爆タイプ」と呼ばれているものです。扉の写真がそうです。もう既に無い建物の跡が、隣の建物にクッキリとその形を残しているものです。これだけハッキリしているものはかなり貴重なトマソン的文化遺産なのですが、このビルが取り壊されればたちまちこれも同時に消えてしまうので、トマソンファンは一刻も早く見に行く価値のある物件でしょう。

しばらく歩いて何の変哲もない歩道橋を渡ったらその降り口に説明板が。なんとここが日本で最初の歩道橋だということです。普通に考えたら東京か、もしくはアイデア好きの大阪か、たとえ名古屋だとしてももっと中心地が発祥の地かと思うのですが、こんな地味町の交差点が発祥の地だとは意外な発見でした。

さて、お腹もすいてきましたが、実は事前にネットでご飯を食べられるところはないかとちょっとだけ調べておいたのです。それがここ「すしかつ」でした。元々寿司屋さんだったのですが、親父さんがトンカツが好きだったので、それも出す為に寿司屋とトンカツ屋が合体したこんな店を作ったらしいです。僕も両方大好物で、何でも「すしかつ定食」という、寿司とトンカツが同時に食せるメニューもあるというじゃあーりませんか。値段も格安だし、今宵の散歩の終わりにもうこれを頼むことは決めておきました。ビールも飲んじゃおうかな～♪とランラン気分で店内に。ちょうど開店してすぐだったのでお客さんはまだ誰もいません。さあ食うぞお。「すいませーん！」満面の笑顔で厨房に見えた親父さんを呼びました。すると「あっ、悪いね～、今日予約で貸切なんだ」。

ま、準備しておいたことは得てしてこういうことになるのが常というものです。結局JR枇杷島駅前のスーパーで、名古屋名物みそ串カツと割引になっていた海老カツ巻き入り助六を買って、ホテルの部屋で食べました。ずっと歩いて来ただけに、まさに徒歩歩でしたとさ。

第2回

海の近くの「長太ノ浦」はさりげなくカッコイイ町だった

三重県

2020年10月25日

今年はまだ海を見ていませんでした。

元々海無し県の埼玉県在住ですが、例年ならライブツアーで全国を旅するのが仕事ですから、その合間合間に海を眺めることはありました。今年はコロナのおかげでライブツアーは壊滅的。そんな折、ようやく三重県の津からイベントのオファーがあったので、その途中で海を見に行く散歩をすることにしました。

そこでまずは名古屋から海沿いを走る近鉄の路線図で、急行の停まらない地味町を探し、更に海から近いところを見ていったところ「長太ノ浦」という駅が見つかりました。「ナガフトノウラ？」長くて太いとはこれまた男性憧れの雄々しき立派な地名です。ここに決め、一路向かいました。

長太ノ浦は「ナゴノウラ」でした。「ナ」は分かるけど太を「ゴ」と読むなんて日本語はやっぱり難しいです。ちなみに隣駅の「楠」はクスノキではなく「クス」、箕田はミノダではなく「ミダ」でした。

そういえばポピュラーな苗字である服部（ハットリ）も五十嵐（イガラシ）も知っているから読めますが、初めてこの苗字に接する外国人がいたとしたら、いくら日本語が出来ても習っていない限り「フクベ」「ゴジュウアラシ」としか読めないでしょう。もはやある意味言語として崩壊してますね。日本語を勉強している外国の方には全く「ドーモスイマセン」と故・林家三平師匠のように謝るしかありませんね。

さて、近鉄名古屋から急行に乗り四日市《よっかいち》で各駅停車に乗り換え、長太ノ浦に着きました。駅前にはコンビニはおろか、雑貨屋の一軒もありません。まさに地味駅です。人もほとんど見かけません。しばらく海に向かって歩いていると、どこからともなく「フォッフォッフォッフォッ。どこに行きなさる？」という声が聞こえた気がしました。おやっ、人の姿が無いのに一体ナニヤツ？　と思ったら遠目で見ると人の顔のように見える建物でした。まるで「進撃の巨人」のような大きな顔がこちらを見ていました。

「むむっ、この町には何かがある」

その時、そう思ったのでした。

ところで時刻はちょうどお昼時。朝から何も食べていなかったのでお腹が減ってきました。この町で何か食べるものはあるのだろうかと思っていたら、いい具合にうどん屋「めん広」が現れました。

僕はうどんより蕎麦が圧倒的に好きで、外食をする時は二回に一回は立ち食い蕎麦屋に入るというほどの蕎麦好きなのですが、ここはうどん専門店。背に腹は代えられないし、ここ以外に食堂があるとは思えない感じなので店の前に行ってみました。

すると、天ぷらうどん定食が本日のサービスで百円引きになっています。僕は値引きには逆らえない特異体質を持っているので、自然とすすーっと足が動く歩道の様に店内に吸い込まれ、無意識のうちに口が勝手にサービスメニューを注文していました。うどんは注文が入ってからの手打ちで、あっさり系でおいしかったです。デザートには杏仁豆腐も付いていました。

さて腹もいい感じに膨れて一本道を歩いて行きます。と、いきなり海がドドーンと現れました。いつも海というものはじわりじわりではなくて、突然現れてビックリさせられるものですね。海も毎回「してやったり」とニヤリとしているような気がします。

向こう側は知多《ちた》半島でしょうか。左手には名古屋の高層ビル群も見えます。何人かの釣り人が釣り糸をのんびり垂らしてます。空はまさに天高い秋晴れ。最高に気持ちのいい潮風風景です。

僕は生まれは東京ですが、一歳の時に神奈川県に引っ越しているので東京の記憶は一切ありません。そこから小学校一年の終わりまで藤沢《ふじさわ》市鵠沼《くげぬま》というところに住んでいました。よくテレビの天気予報などで江ノ島とその向かいの鵠沼海岸が映りますが、あの海岸まで徒歩で七〜八分というところに家があって、夜寝る時はいつも波の音と暴走族の音が交互に聞こえていました。つまりは桑田佳祐超えの生粋の湘南ボーイなのです。しかし当時は海が水でできた巨大な化け物のように見えて、海岸線から二十メートルは離れないと歩けないくらい怖くてブルブル震えていた、情けない湘南ボーイでした。

しばし海を堪能した後、町散歩に戻りましょう。と、素敵な現代美術のオブジェのような建築物を見つけ思わずパシャリ。扉の写真がそれです。まあ裏に回れば廃屋の物置なのですが、わざわざ舞台裏を見ることもないでしょう。ともかく青空に映えてなんだかとってもカッコイイ建物でした。

さらに歩くと、今度はカッコイイ車が現れました。僕は車には全く疎いのですが、これはフォルクスワーゲンというやつでしょうか。本当は車に片手を置いて最近はやりの「バエ」という写真でも撮ってみたかったですが、不審者と思われるので遠慮しておきました。

さてぼちぼち駅に戻ろうとした時、オヤッ、あちらになにか塔みたいなものが見えるぞいと思い、少し距離はありましたが、のこのこと歩いて行ってみました。すると、先端にくびれがある造形の、ＲＰＧゲームに出て来そうな巨大な塔が。こういうのってなんだか痺れますよね。カッコイイ!!
総括。長太ノ浦はさり気なくカッコイイが詰まった町でした。

第3回

超有名なのに
なぜか急行が
停まらない「厚木」
降りてわかった衝撃の事実

神奈川県

2020年11月5日

今回の散歩は神奈川県の厚木《あつぎ》です。

と、こんな声が聞こえてくる気がします。「えっ、厚木基地の厚木？　超有名じゃん」「都内近郊に住んでる人なら、誰でも聞いたことある町だと思いますよ」いや、僕もそう思っていました。神奈川県中部の中核都市という認識。調べてみると隣接する海老名《えびな》市、座間《ざま》市、伊勢原《いせはら》市などと比べて人口も多いです。「そんな町を歩くなんて、この『地味町散歩』も早速ひよったの？」とか言われそうですが、違うんです。僕も最初そう思って候補にもしてなかったのですが、この厚木駅、そんな中核都市であり、なおかつ小田急線とJR線が交差する乗り換え駅でもあるにもかかわらず、路線図を見ていたら小田急線の急行が停まらない各駅停車だけの駅なのです。「ん、おかしいな。なんでこんな大事な駅に急行が停まらないのだ？」僕はちょっと潰れかけたハンチング帽を被った刑事気分になって、この町を散歩することに決めました。

実はその前日は妻と熱海《あたみ》に行っていました。Go To キャンペーンで安くなっていたので、ほとんどどこにも出かけていなかった今年、一泊だけでもと、温泉旅行をしてきたのです。

しかしそこは夫婦ともども根っからのひとり好き。一晩泊まったら翌日は各自バラバラ行動。妻はどこそこのパフェを食べてその後どこそこのケーキを買いに行くとか言ってるので、甘いものに興味がない僕はひとりこのコラムのために帰り道の小田急線を調べているうちに、この疑問にぶち当たったのです。

小田原《おだわら》から途中まで急行に乗り、各駅停車に乗り換えて厚木の駅に降り立ちました。すると思っていた駅前とは全く違いました。想像では駅前にそこそこ大きなショッピングセンターがあり、その近くにはチェーン店の居酒屋なども並び、古くからある町なので、昭和テイストの商店街が口を開けている。もしかしたら厚木基地関係の米軍さん相手のちょっとアメリカンな感じの店などもあるかもしれません。そしてそういう人相手の美女が道端で色っぽい格好で、アンニュイにタバコを吹かしている姿まで想像していたことを白状します。

ところが予想と全く異なって、数軒の商店はあるものの、とても商店街と言えるほどのものもなく、一般の民家や低層階のアパートが立ち並ぶ、これと言って特徴のない住宅街です。「これはどういうことだ？」と思いながらも散歩することにします。

と、ほぼ駅前という立地に「海老名幼稚園」「海老名コーポ」など海老名と名のつく建物を発見しました。例のごとくジュースの自販機を探っていても、そこにも海老名市のキャラクターでしょうか「えび～にゃ」がいたりします。僕は「おいおい、ここは厚木の駅前だよ。海老名は隣の市だよ。千葉県にあるのに東京ナントカランドって言ってるんじゃないんだから～」と、ひとり笑いながらもツッコンでしまいました。しかし何とも言えぬ不穏な空気を感じたのも確かです。「まさか……いやいやそんな馬鹿な」、僕は自分の妙な空想に首を横に振り、また歩き出しました。

そんなこんなで歩いていると、ここが「おあしす通り」だということに気づきました。みなさんはオアシス運動というのをご存知でしょうか。最近ではあまり聞かれなくなりましたが、昭和の時代はこのオアシス（「おはよう」「ありがとう」「しつれいします」「すみません」の頭文字を合わせた造語）を大事に、はよく言われておりましたね。一種の挨拶運動ですね。

ちなみに僕が今やっている「ホルモン鉄道」というユニットで、僕が作詞作曲した「エチケット番長」という歌があり、その中にもこのオアシス運動が出てきます。大変エチケットのある番長が主人公の歌で、歌詞を一部抜粋してみましょう。


オ……おはようございます。本日は、喧嘩の方、よろしくお願い致します。

ア……ありがとうございます。交通費の方は、後日精算させていただきます。

シ……失礼します。殴らさせていただきます。

ス……すみません。お怪我の際は絆創膏等のご用意がございます。


時代が変わっても、オアシス運動は大事ですね。

そんなこんなで歩いてきましたが、ここで衝撃の事実がわかりました。駅のすぐ近くのマンション「レジデンス厚木」の住所表示を見てみるとなんと海老名市になっているではありませんか！

そう、厚木駅は海老名市だったのです。

川の向こうに大きな町が見えます。扉の写真をご覧ください。そしてその駅名は「本厚木」。つまり川の向こうが本当の厚木で、ここは本当の厚木ではない海老名の「偽厚木」だったのです。小田急線もさすがに偽の町に急行を停めることには抵抗があったのでしょう。

少々しょんぼりしながらも、偽厚木の駅前にあった「大和屋」でお昼を食べることにしました。さて、メニューは……。もちろん名物の「海老菜丼」を食べました。なにせここは厚木ではなくて、海老名なんですからね。普通なら海老天丼とするところを、ほうれん草という「菜」を加えることでダジャレ丼となっております。

駅に戻ります。と、よく見ると駅名の下に『神奈川県海老名市』とちゃんと書いてありました。決して僕らを騙すつもりではなく、きっとオトナの事情ということなのでしょう。偽厚木なんて言ってすみませんでした。ここは海老名にある、川の向こうの厚木を思って出来た、ちょっと不思議な町でした。

第4回

観光客のいない京都「円町」の寺にひとりたたずむ

京都府

2020年11月16日

京都で春に行われる予定だったライブが新型コロナの影響で延期になりましたが、今月に古い小さなホールで開催されることになり、その流れでせっかく京都に行くのだからと、ひとり散歩をすることにしました。

選んだ町は「円町《えんまち》」。京都には何十回も来ていますが、聞いたことのない地名です。京都駅からJR嵯峨《さが》野《の》線で四つ目。二条《にじょう》駅の隣の京都市内の各駅停車の駅です。先週の土日も大阪、神戸《こうべ》でライブがあったのですが、この円町にとてもコストパフォーマンスのよいホテルがありました。そもそも安いところに折からのGo Toキャンペーンで、新幹線で自宅まで往復するよりそのホテルにずっと泊まっていた方が半額くらいで済む計算なのです。なのでそこに一週間滞在することにしたので、この地味町を歩くことにしました。

駅前にはコンビニやファストフードのお店はありますが、商店街などはありませんでした。まあ一般的な京都の住宅地という感じでしょうか。グーグルマップで調べたところ、駅の近くには特に観光客がわざわざ訪れるような有名な寺や神社などはないようです。

町に出てまず僕がキョロキョロするのは、もちろん缶ドリンクの自動販売機です。残念ながら関西は割とよく来ているので新しい缶は見つかりませんでしたが、とにかく値段の安さには驚かされます。東京近辺だとほとんどが定価販売で、時々「百円ジュース販売中！」などという自販機を見かける程度ですが、関西では定価販売の方が少ないくらいで百円はデフォルト。中には六十円からというのもありました。ペットボトルですら九十円です。これは本当に関西のうらやましいところですね。

お腹がすいてきたところで出てきたのは「千成餅食堂」。元々はお餅がメインだったのでしょうか。京都らしい風情を感じます。

さて、メニューを見ると、関東では見たことのない「衣笠丼《きぬがさ》」というのが目につきました。まったく内容が想像できません。衣笠と言えば元広島カープで連続試合出場日本記録を持つ衣笠祥雄さんしか思い浮かびません。「鉄人」の異名を取った衣笠選手から取った丼だとしたら、なにかしらの鉄分が入っているのか、それともスタミナのためのニンニクかなにかがたっぷり載った丼なのか。とにかく頼んでみました。

出てきたのは、油揚げと青ねぎを甘辛く炊いて卵でとじた丼でした。要するに玉子丼に油揚げの切ったのが混ざっている感じで、衣笠選手とはどうやら何の関係もない丼でした。でも丼にしてはさっぱりしていて、揚げ物がだんだんきつくなってきたお年頃の僕には、とてもおいしくいただけた一品でした。

さて、そろそろ出かけます。と、「空気無料」という店が。良かったです。知らないで冷やかしで店に入って呼吸したら「うちは空気、有料でおます。消費税込みで五百五十円いただいときまひょか」と言われたらどうしましょう。京都は独特の文化があるのでそういうこともあるのでしょうか。

散歩は、できるだけ大きな道を避け、小道へ小道へと入って行くのが面白いです。ただあまりに小道過ぎると、よそ者は立ち入り禁止のようなところにいつの間にか入り込んでしまいジロッと見られることもあるのですが。

と、懐かしい声が聞こえてきました。

「古新聞、古雑誌、段ボールなどありましたらお引き取りしておりま〜す」

これはチリ紙交換！　昭和の時代には毎日のように聞いていましたが、気がついたら聞くことがなくなっていたチリ紙交換屋さんが京都ではまだ現役で、なんだかタイムスリップしたような気分になりました。もっとも立ち止まってジロジロ見る勇気はなかったので、実際チリ紙と交換してるかは分かりませんでしたが。というか、今、チリ紙というものが既に若い人にはわからないかもしれませんね。トイレの拭き紙ですが、トイレットペーパーではなく、ティッシュがゴワゴワになって一枚ずつ束になったようなものです。僕が中学生くらいまでの昭和の時代は、まだトイレットペーパーは高級品で、主にこのチリ紙が和式便所に備え付けられており、お尻を拭き拭きしていました。

今は十一月下旬。公園に立ち寄るとちょうど紅葉していていい感じでした。また町には時節柄マスクの落とし物が多かったです。毎年寒くなってくると手袋の落とし物とかが多い気がするのですが、これが二〇二〇年という年を象徴しているのかもしれませんね。

法輪寺というお寺がありました。京都ですからお寺はたくさんあるのですが、グーグルマップを見てもお寺のマークはあるものの、特に名前などの記載もないので有名なお寺ではないようでした。実際観光客も誰もおらず、境内には僕ひとりでした。別名を達磨《だるま》寺と名乗っているだけあって、たくさんの達磨がありました。

ここで思い出したのが、僕の高校時代の文化祭です。校庭で仮装行列の行進があったのですが、僕はクラスのみんなを扇動して「米押し達磨」というのを作って出しました。僕が神主の格好で先導し、その後を米俵を押す大きなハリボテの達磨が行進していくのです。僕の高校は群馬県の高崎《たかさき》というところにあり、高崎は少林寺というお寺が達磨寺として有名でした。なので閉会式のスピーチでも校長先生に「今回は高崎名物の達磨なども出て、華を添えました」などとお褒めの言葉もいただきました。しかし僕がそんな郷土を讃えるような殊勝なことをする人間でしょうか。答えはノーです。

それから数日後くらいでしょうか。担任の先生から呼び出しを喰らいました。

「石川、やってくれたな」

僕はニヤリと笑いました。「米押し達磨」＝コメオシダルマ。決して逆さまからは読まないでください。

そんなことを思い出しながらメインの達磨を見ているとお腹に何か書いてあります。「おさ……長《おさ》か？」なんだろうと思いながら横にまわってみると、おさいせんをねだっている達磨でした。

まあ、たとえそれが神職であっても、お金は必要ということで、知られざる京都の秋の一日をひゅるりと満喫してきました。

第5回

飛び出し坊やが手を振ってくれる「膳所」の町

滋賀県

2020年11月18日

大津《おおつ》の街を少し人目を避けてこっそりと歩く男女がいました。秋も押し迫った中、ふたりは駅から少し離れた隠れ家のようなジャズ喫茶へと入って行きました。

「ここのオススメは何だい？」

「ナポリタンがおいしいわ」

「喫茶店のナポリタンってなんだか懐かしいな」

そう男が言うと女はフフッと小さな笑い声をあげました。男は既婚者。彼より二十歳以上若い女はまだ独身のようです。この逢瀬がもし彼の妻にバレたら。いや、男は遠く埼玉から旅に出てきている流れ者です。素性が知られることはまず無いでしょうが。

……という恋愛小説まがいのことが本当にありました。実はコレ、僕が二十年以上毎日更新しているホームページで読者投稿を募集していて、投稿するとポイントが加算され、千ポイント貯まると「僕が食事奢ります。一緒に食べましょう」というプレゼントがあり、そのポイントプレゼントの食事会が滋賀県の大津であったのです。綺麗な女性だったな〜。ムヒヒ。

で、せっかく大津まで来たので散歩もすることにしました。もちろん大津は県庁所在地で地味駅ではないので、その女性と別れてひとりでその隣駅、膳所に来ました。この地名も難読地名ですね。普通に読んだら「ぜんしょ」か「ぜんどころ」かなと思ってしまうと思いますが、これで「ぜぜ」と読みます。思わずあまちゃんを思い出してしまいましたが、あれは「じぇじぇ」ですね。

駅から町に出るとまず辻々に他の地方ではあまり見かけないものがたくさんあることに気づきます。滋賀県名物「飛び出し坊や」です。他の土地に比べて子供たちがヒャッホーと道路に飛び出す率がよほど高いのでしょうか。最初にこれを作った人は、まさかそれが県内中に広まり、いまや土産物屋さんでストラップとして売られるほどの滋賀県名物になろうとは思ってもいなかったでしょうね。

「子供は駐車場で遊んではいけません」という看板がありました。ということは大人は遊んでもいいのでしょうか。キャーキャー言いながら大人たちが人の車の屋根やボンネットにボンボン乗ったり跳ねたりしている姿が想像されます。飛び出し坊や同様「駐車場遊びおじさん」も気になりますね。

また飛び出し坊やの次に多いのが、やはり同じ滋賀県の信楽《しがらき》の名物の焼き物である信楽焼きのタヌキです。もちろん下腹部に付いている袋も、八畳敷きとまではいきませんが、デカいです。家々の玄関先に、かなりの頻度でこれが鎮座ましましていました。

あと、「学校の敷地に、エサをまかないでください。」という貼り紙が高校のフェンスにありました。これはどういうことでしょう。この高校の生徒はエサに釣られて教室を飛び出し、それをパクパクとついばむのでしょうか。どんな高校生なのでしょう。謎です。

さて、滋賀県といえばやはり琵琶湖を抜きにしては語れないでしょう。子供の頃、地図帳で滋賀県を見て「こんなに湖が大きかったら、滋賀県の人たちは湖沿いに落ちないようにみんなブルブル立っていて『押すなよ、押すなよ』とダチョウ倶楽部のようにしているのではないか」と想像していたのは僕だけでしょうか。

大人になって、琵琶湖に落ちないようにビクビク暮らしているのではないことを知りました。電車や車で「あれが琵琶湖かぁ」と眺めたこともありますが、直接触ったことはありませんでした。幸いにも膳所駅から十分ほどで琵琶湖にたどり着いたので、手で触ろうと思いましたが、寄る年波で触ろうとして屈んだらそのまま態勢を崩して湖にドッボーン、あわや湖の藻屑ということも十分に考えられたので、手ではなく足先（靴ですが）で琵琶湖にチョイですが直接触れることができました。

その後、直前にスーパーで見つけた「スパークリング米麹甘酒ラムネ味」という、ものすごくたくさんの要素が詰まった新製品の缶ジュースを飲んで喉を潤しました。ちなみにラムネとサイダーは中身は全く同じものです。違う点はラムネはビー玉入りの容器に入っているという点だけです。なのでこれは缶ですからもちろんビー玉は入っていないので、正式に表記するなら「スパークリング米麹甘酒サイダー味」とすべきですね。缶ドリンクコレクターとしてのしょうもない蘊蓄《うんちく》でした。

なんだかんだで少々歩き疲れたところに、いい具合に「都湯」という銭湯がありました。小さめの銭湯でしたが、中はジャズが流れサブカル的な貼り紙なども多い面白い銭湯でした。関西に多い電気風呂もありましたが、以前京都で入ったら「これは拷問か!?」というほどのビリビリショックを受けたので、それ以来僕は入ることができなくなってしまいました。

お風呂からあがってさっぱりしたところで、ふと思いました。「散歩で汗だくになってるTシャツを着るのは嫌だなあ」。すると、なんとこの銭湯はオリジナルのカッコいいTシャツを販売していました。早速購入し、ポカポカと気持ちよく帰途につきました。全国の銭湯もそれぞれオリジナルのTシャツを販売すれば、コレクターなども出て巡礼する人も出てくるのではないでしょうか。ご検討をお願いしたいです。

飛び出し坊やがいつまでも手を振ってくれている、そんな膳所の町でした。

第6回

小田急線で二番目に乗降客数が少ない「南新宿」

東京都

2020年12月23日

小田急線は新宿を起点に小田原や箱根湯本《はこねゆもと》と片瀬江ノ島《かたせえのしま》という神奈川県の山と海の二大観光地を結ぶ路線です。途中には町田《まちだ》、藤沢などの中核都市も多くあり通勤電車としての需要も多いですね。その小田急線で一番乗降客数が少ないのは小田原近くの足柄《あしがら》駅。では二番目は？　そう。それが意外にも新宿駅の隣駅であるこの南新宿《みなみしんじゅく》なのです。

もちろん新宿の隣ですから過疎地帯ということではないです。逆に他の交通網が近くにいくつもあるので、他の駅を利用することが多いのでしょう。実際、山手線の代々木《よよぎ》駅とは直線距離で二百メートルしか離れておらず、代々木駅はいくつもの路線が交差していて乗り換えも便利で駅前にも商店が多いので、こちらを使われてしまうのは仕方のないことかもしれません。

しかし、駅前の建物に「代々木参宮橋《さんぐうばし》」という名称がついてるのは悲しいですね。代々木はともかく、参宮橋は小田急線で一つ隣の駅。そこまでして南新宿を無視しなくてもよいと思うのですが。

この駅のすぐ近くに僕が毎月出させてもらっているライブハウスがあります。代々木Barbara《バーバラ》というお店で、ここも南新宿ではなく代々木と銘打たれていますが、本日はここで行われるイベントのために来たのです。リハーサルから本番までの間に時間が空いていたので散歩をしたいと思います。

その代々木Barbaraの前にあるのが「馬鹿牛」というお店。馬肉と鹿肉と牛肉を食べさせる店なのか、それとも「僕、馬鹿で〜す」といってヨダレをだ〜らだら垂らしている牛ばかりを集めているのかどちらなんでしょう。

いつものごとく自動販売機のチェックもかかせません。すると地味ながらあまり見たことのないメーカーのおしるこがあったので、目にも止まらぬ速さでシュタタタッとボタンを押して購入しました。「遠藤製餡」というあずき専門の会社で、自動販売機には「創業60年を超える」と書いてありますが、缶本体には「創業70年を超える」と書いてありました。いずれにしろ僕より年上の先輩餡子屋さんの老舗おしるこでした。ガツンと甘かったです。

「大学定食　しょうが亭」というお店もあります。近くに予備校として有名な代々木ゼミナールがあるので、合格祈願も兼ねているのでしょうか。この日は休業日で入れなかったのですが、以前入ったことがあります。メニューはこんな感じです。「東京大学（ひれかつ、しぐれ煮）」、「慶應大学（カレーコロッケ、ポテトコロッケ）」、「学習院大学（しょうが焼き、チキン唐揚げ）」、「白百合女子大学（エビフライ、チキンハンバーグ）」……。大学のイメージとはあまり関係ない気もしますが。こういうメニューって、オーダーする時になんとなく照れますよね。でもその時は思い切って頼みました。

「せ……聖心女子大学をひとつお願いします！」

するとと店員さんが厨房に元気よく、

「へいっ、唐揚げハンバーグ定食一丁〜」

うわーん、それじゃ僕の勇気が台無しだぁ〜。

また町に出ます。とにかく今回の散歩が難しいのは、ちょっと歩くと代々木駅や新宿駅などに出てしまい、南新宿ではなくなるので、他の駅前にぶち当たらないように、小さい範囲をせこせこと歩かなければならないことにあります。

そんな中、久しぶりに南新宿の文字を街の掲示板で見ました。どうやら南新宿町会はがんばっているようです。「親子夜警」を呼びかける貼り紙がありました。時節柄、親子で火の用心を大声で外で叫ぶより、自宅にこもってコロナ対策をした方がよいとは思うのですが、「南新宿を守るぞっ！」という町会の努力は認めたいですね。

扉写真にある大蔵大臣の家もありました。しかし防犯上こんなに大きく掲げない方がいいのではないでしょうか。肩書きを自慢したくなる気持ちはわかりますが、少々大き過ぎる気がします。ちなみに「水中、それは苦しい」というバンドのボーカル、ジョニー大蔵大臣は僕の友達です。

さて、話はちょっと変わりますが、以前とあるイベントでのアイドルとのセッションの流れから、プロデューサーの目に留まり「この五十歳過ぎのオッサンをアイドルの中にひとり混ぜたら個性的なアイドルユニットが出来るのではないか」と思われ、僕も自発的には絶対に出来ないことなのでその話に乗り、ひょんなことからアイドルトリオの一員になったということがありました。その「えんがわ」というユニットは、メンバーのひとりであるカイちゃんが芸能活動を引退したため、今年惜しくも解散となってしまいました。

「嗚呼、僕のアイドル人生もこれで終わりか……」と思ったその時です。救世主が現れました。

「『えんがわ』が無くなったのなら、私と一緒にユニット組んでいただけませんか？」そう言ったのは冒頭で書いた代々木Barbaraの店長さんでした。

ここで皆さんに質問です。ライブハウスの店長さんといったら、どんな人を思い浮かべますか？

「長髪で髭を生やしたヒッピー風のおじさん？」

はい、確かに正解です。九十九%は。しかしこのBarbaraの店長さんは残りの一%。なんと二十代でライブハウスの店長をしながらアイドル活動もしているという女の子なのです。そのアイドル店長を中心に組んだのが「Mont.Barbara《モンバーバラ》」というポップユニットです。僕はソロ活動以外にいくつものバンドやユニットを既に兼任していますが、若くてかわいい女の子と今年還暦になる僕が一緒に活動できるのは、ミュージシャン特権といってもいいでしょう。

中年にさしかかった独身の男性方へ。キャバクラでお金使うより、バンドやった方が若い女の子と触れ合える機会は増えますよ〜。ともかく今年から「Mont.Barbara」の活動もよろしくお願いいたしま〜す！

第7回

旧中山道の「茶所」を歩いたら激安の烏龍茶をゲット!

岐阜県

2021年1月12日

今年は本当にどうなるかわからないですよね。新年から入っていたライブ仕事は軒並みコロナで中止になりました。ライブハウスなど飲食店は国から多少の補償があるみたいですが、そこに出演するミュージシャンに関しては現在のところ何も補償は発表されていません。それどころか事前に会場費の予約金を払っていたホールなどは返金不可と言われて、赤字状態。一体どうすべいと思っていた矢先に名古屋でYouTubeラジオが何本か入り、今年初めての仕事となりました。

その仕事先の人の小学校低学年の女の子が最近、何の前触れもなく「あ――――っ!」とか叫ぶようになったといいます。すわ何かの病気かと思ったら、親が教えたわけでもないのにYouTubeで三十年も前の「たま」の動画を見つけて、そこで僕が意味不明の雄叫びをあげているのを真似しているとのこと。人は誰に何の影響を与えているかわかりませんね。

さて、仕事も一息ついたのでお茶でも飲めるところはないかなと地図を見ていたところ、名古屋からそう遠くない岐阜市に「茶所」という駅を見つけました。茶どころならさぞかしお茶もうまいだろうと、早速名鉄に乗って向かいました。

到着するとそこは無人駅でした。茶所は「ちゃどころ」ではなくて「ちゃじょ」と読むのでした。駅前にはかなり昭和初期テイストの学校などもあり、雰囲気が出ています。広いお屋敷が多く、車避けなのでしょうか、大きな石が塀の前に置かれている家も多かったです。扉の写真がそれです。家はともかく車はこの石に激突したらかなりのダメージを受けるでしょうね。

どうやらここは旧中山道の宿場町だったようです。旧中山道と言えば、かつてどこかのアナウンサーが生放送で「いちにちじゅうやまみち」と読んでしまったという伝説を思い出します。さらにそれを聞いた先輩アナウンサーが「なに言ってるの、『きゅうちゅうさんどう』ですよね」と言ってしまったという伝説にもなっています。もちろん正解は「きゅうなかせんどう」ですね。プロのアナウンサーでも知らないとは漢字の読み方は難しいですね。

さて無人駅ですから駅前に雑貨屋の一軒も無くて、お茶は飲めるのだろうかと心配になった頃に、ありがたいことに喫茶店が現れました。「やしろ」というお店です。と、ショーケースの左下に見たことのない「焼とうふ定食」というメニューを見つけてしまいました。本当はハンバーグ定食が食べたかったのですが、このコラムのためには少しは珍しいものを頼むべきと、早速注文しました。鉄板の上でジュウジュウ焼かれた豆腐に味噌ダレがかかっているものでした。さすが名古屋のご近所さんなので味噌文化なのですね。まぁ味噌汁と被ってはいますが、なかなかヘルシーです。ちゃんとお茶もお盆にのっていたので、当初の目的であるお茶もおいしく頂きました。

本当はこういう散歩企画では、地元の人との交流などがあると面白いとは思うのですが、なにしろそもそも人が歩いていません。みな、車でさっと通り過ぎていってしまうのです。少し前に群馬県の友達のところに行った時に車に乗せてもらったのですが「僕は車どころか免許も持ってないんだよね～」という話をしたところ、友達に大いに驚かれました。「えっ！　車がなくてどうやって生活しているの!?」と。僕は埼玉県在住ですが東京と隣接しているため鉄道やバスでどこにでも行けます。近所は自転車があれば特に不自由することはないのですが、地方では交通手段といったら車で、車がない生活というのは考えられないそうです。

もっとも僕も十八歳の頃に一年間だけ茨城県に住んでいて、その時は自宅近辺に交通機関がほとんどなくて、しょうがなく原付の免許を取り、バイクに乗っていました。しかし自分はガンガンスピードを出してしまう性格なのであまり運転に向いていないと思い、翌年上京することになった時にその免許はポーンとゴミ箱に捨ててしまったのです。なのでそれ以来免許は持っていません。

以前三重県で見かけたキングの缶コーヒーをかなり推している自動販売機を見つけました。しかしそれはもう手にいれてしまったので「今回は缶ドリンクの収穫無しかぁ」と思ったその時、目の前に「バロー」というスーパーマーケットが現れました。聞いたことのないスーパーマーケットです。もちろんチェックのために入ってみます。

と、どうやらここは岐阜県を中心にしているスーパーマーケットチェーンで、なんとPB（プライベートブランド）商品があるではないですか！　すると、持っていない缶が十三本もいっぺんに見つかってしまいました。PB商品は中間業者を通さないので格安のことが多いのですが、これだけ買って税込八百四十四円。基本ソフトドリンクは三十円、アルコールは八十八円。そして烏龍茶にいたってはなんと十八円！　これは僕の長い缶ドリンク購入人生の中でも一、二を争う激安価格ですね。

そんなことで僕はヒャアと悲鳴をあげました。もちろんコレクター的に嬉しい悲鳴でもあるのですが、同時に悲しい悲鳴でもあります。なぜ悲しいかと言うと、一気に荷物が四キロ近くも増えてしまったので「気軽に散歩」という感じではなくなってしまうことなのです。重い荷物をウンウン背負って「もうボチボチ散歩を終わりにしていいですか?」とひとりつぶやきました。すると、誰もいないはずなのに、どこからか返事が聞こえてきました。「よかろう」と。頭を上げたら薬局屋さんが「よかろう」という店で、その看板にそう、書いてありました。

僕は、安心して家路につきました、とさ。

第8回

沖縄の地味な町「壺川」で上等な味噌汁を飲んでみた

沖縄県

2021年1月30日

僕は寒いのがとにかく苦手。冬の間中布団にンガガガッとくるまって、そこから一歩でも外に出るのがイヤヨイヤヨンになり「あぁ、青い鳥は家の中にいたんだなぁ〜」としみじみ思う性格なのです。しかし流石にそれでは人間ではなく、体型もろとも本当に冬眠する一匹の熊になっちまうわいと思い、ある時「ここにいちゃダメだ！」と決意し、南国に逃避することにしました。自分で仕事のスケジュールを決められる自由業なのをいいことに、十数年前から毎年二月はまるまる一か月間「仕事はしませ〜ん」と宣言し、タイのチェンマイに滞在するのが常になっていたのです。

しかし今年はコロナ禍でタイはもちろん、一切の外国への渡航ができない事態。なので久しぶりにおとなしくしておこうと、二月にライブスケジュールなども入れていたのですが、やはり寒さで気力までなんだか萎えていくのを感じ「せめて十日間だけでも、少しでも暖かいところに逃げよう」と沖縄行きを決めました。「コロナ禍なのにリゾートですか〜？」という声が聞こえてきますが、ご安心ください。沖縄もライブ等で既に相当数訪れているので、観光地など人が集まる密な場所には行かず、普通の住宅地にあるウイークリーマンションを借りてそこで日常生活を送ることにしました。とにかく僕にはただただ暖かい気候さえあればいいのです。せっかくなので沖縄に住む友達に急遽頼んで、ゲストハウスの広間でワンマンライブも一回だけやらせていただきましたが。

そういえば僕が子供の頃は、沖縄はまだパスポートを持たないと行けない外国でした。一九七二年に返還ですから、僕が十一歳、小学五年生の時にやっと日本に戻ったのです。なのでそれ以前の教科書では「日本の最南端は鹿児島県の与論島《よろん》」と教わっていました。その頃のテレビのニュースをよく覚えています。特にトラブルが多かったのが車の事故で、それまで右側通行だったのが返還された日から突然左側通行になったので、各地で事故が多発している様子がよく映し出されていました。もちろんモノレールも当時はありませんでした。

そんな沖縄に、暖を求めて、数年ぶりに降りたってみました。

那覇市内の壷川《つぼがわ》という町のモノレール駅近くのウイークリーマンションにしたので、まずは近所を散歩してみますが、意外なことに新しいマンションが立ち並び、昔の沖縄の姿はそれほど見られません。しかしそんな住宅地の中に突然お墓があったりするのですが、これが本土とはだいぶ違います。お墓の前に広い敷地があります。そう、沖縄の人はここで時々酒を酌み交わしたり、陽気にエイサーなどを踊りながら故人と一緒に過ごすために集まるので、そのような形になっているのです。こんなところにも文化の違いを感じますね。

昔はよくあったタコの形のすべり台のある公園がありました。ここで思い出したのが、かつて「たま」を一緒に組んでいたベースの滝本晃司くんが、全国のすべり台の写真を撮る「すべり台コレクター」だったことです。しかしこれはひょんなことから生まれたコレクションでした。というのも僕らがデビューした後の一時期は、毎日のように雑誌や新聞の取材があったのですが、その時に必ずと言っていいほど聞かれるのが「ご趣味はなんですか?」という質問でした。僕は自分が飲んだり食べたりしたドリンク缶やインスタント麺のパッケージのコレクションをやっており、知久寿焼くんはツノゼミという虫の採集や研究をしていました。ところが滝本くんだけはこれといった趣味がなくて、いつも「ええと、テレビが好きで……」とか歯切れの悪い答えをしていました。が、ツアー中に秋田で電話の形のすべり台を見つけて「これ変わってるなぁ。あ、そうだ、僕はこれから滑り台の写真を撮るのを趣味にしよう！」と、それから趣味の質問が来てもスラスラ答えることができるようになったという、変わった趣味のでき方でした。

マスクをした高校生が集団下校するのを横目で見ながら坂を登って少し歩くと、ローカルな商店街が現れました。観光客がよく行く国際通りなどとは違って、地元の生活に根付いたお店が軒を連ねています。「スンシー」「タンナファクルー」「ムーチー」「うちゃぬく」など、本土ではあまり馴染みのない食材も売っています。いなり寿司が「すし　90円」と書かれて売っていました。「すし」はいなり寿司のことなんですね。お弁当も二百五十円と激安です。

お腹が空いてきました。ここはひとつ上等な食堂でランチと洒落込みますか〜と、「じょうとう食堂」というお店に入ったら、券売機で食券を買うシステムでした。その中に「みそ汁」というメニューがあります。五百五十円。さすが上等食堂だけあって、みそ汁だけでなかなかのお値段です。一点豪華主義で、それだけを買ってみます。

すると、みそ汁にはご飯が付いていました。普通、ご飯にみそ汁が付くものですが、沖縄では逆で、みそ汁はゴーヤーチャンプルとかポーク玉子といった沖縄独自のメニューと同じく、立派なおかずとしてのみそ汁なのです。具もいっぱい入っていて、つまりは豪華版みそ汁かけご飯として食べられる代物なのです。なのでくれぐれも沖縄ではご飯とみそ汁を同時に頼んではいけません。そうオーダーした場合、ご飯には小さなみそ汁が付いてきて、大きなみそ汁にはご飯が付いてくるので、二人前の料理となってしまうのです。

腹ごなしにさらに坂をくだっていくと、今度は「漫湖公園」という心地よい公園が現れました。湖のほとりに広がる市民憩いの場です。どこからか潮風の匂いもしてきます。しかし残念ながらこの公園の名前を大声で読み上げることは僕にはできませんでした。調べたら、こんな記事がありました。「一九九九年、漫湖がラムサール条約の登録湿地に認定された際、NHKが字幕では「漫湖」と出しながら、ナレーションでは『認定されたのは〝この湖〟で……』と読み上げ、音声が電波に乗るのを巧妙に回避した、という証言がある」。ネットで調べたのでこの情報の真偽は定かではありませんが、みなさんも、ここは心の中でそっと読んでくださいね。

第9回

「おもろまち」で「おもろかった～」と笑い飛ばしたかった

沖縄県
2021年1月31日

前回の壷川に引き続き那覇《なは》市内の町を散歩することにします。せっかく来たのだから、どこかおもろいところはないかな～と探したところ、その名もズバリ「おもろまち」というモノレールの駅を見つけました。これはさぞかしおもろいものたちが集まるところなのでしょう。さっそく行ってみました。

駅の西側は「新都心」と言うらしく、オシャレなショッピングセンターなどが立ち並んでいたので、地味町とは言えません。そこで庶民的な反対側の出口を出て、南下していくことにしました。すると、おもろそうな物が次々と現れました。

おもろそうなシーサー。歯がガタガタです。

おもろそうな音楽ユニットのポスター。「おばあラッパーズ」、盛り上がりそうです。おばあ三人組のユニットのようです。

おもろそうな店。「歌いBAR　ひげ茶びん」、マスターのひげを引っ張りたいです。

おもろそうな豚。食べられるのに親子でニッコリ笑っています。精肉店のシャッターに描かれています。

と、おもろそうな物はいっぱいあるのですが、ここで皆さんに悲しい現実をお伝えしなくてはなりません。本当は「おもろまちはやっぱりおもろかったよ～。ワハハハッ！」と豪快に笑い飛ばしたかったのですが、コロナ禍の緊急事態宣言により、どこも閉まっているのです。やっていないのです。ステイホームで、それぞれ家の中でゲハゲハ笑いころげているのでしょう。

ちなみに僕が一番最初に沖縄を訪れたのは一九九〇年の初め頃でした。「たま現象」の真っ只中、この沖縄にテレビCMの撮影のために来たのです。「北海道アルバイトニュース」という北海道ローカルのCMを何故か沖縄で撮影しました。スケジュールが無く強行軍で撮ったので、晩ご飯はもう真夜中。宿の近くで開いているのはサッポロラーメンのお店だけでした。

「初めて沖縄に来たのに、食べたのはサッポロラーメン」。強く印象に残っています。

お腹も空いてきました。散々歩いて隣の駅までやってきてしまい、やっと屋台のような沖縄そばの店「なかむら屋」を見つけて食べました。肉がぶ厚くてとてもおいしかったです。

ちなみに沖縄そばはいわゆる日本蕎麦ではありません。蕎麦粉は一切入っていないので、うどんとラーメンの中間といった感じでしょうか。沖縄では専門店はもちろん、だいたいどこの食堂にもある定番メニューで、あの牛丼の吉野家でも、みそ汁をプラス百二十円で沖縄そばに変更できるくらいポピュラーな食べ物です。

最後に沖縄滞在十日間で見つけた缶ドリンクを紹介しましょう。

コーラ。ペプシはRyukyu（琉球）のロゴと「沖縄をもっと元気に！」のメッセージ入り、コカ・コーラはシーサーの絵が描かれているバージョンです。

オリオンビールのチューハイはマンゴー&パッション、白インゲン豆抽出物配合。ハイボールはトウガラシ抽出液配合です。やはり南国っぽいですね。

ほぼ沖縄かドン・キホーテでしか売っていないA&Wのルートビア。ちなみにルートビアはビールではなくて炭酸のソフトドリンクです。よく言われるのが「サロンパス味!?」なので、癖になってはまる人と、一口飲んだだけで「ウゲッ！」と吐き出す人とにハッキリ分かれます。僕は前者で、その独特のクスリ臭さが大好物なのです。

そして空港で買った沖縄限定販売のパインジュース、ファンタが沖縄だけで出してるシークワーサー味、琉球泡盛カクテル「愛さ」、これで「カナサ」と読むみたいですね。

そして本土でも販売を開始したのかもしれないのですが、もしかして売り切れていたらヤバいと思い慌てて買ったビールがあります。ニュースにもなったのでご存知の方もいるかもしれません。ラガービールなのですが、「LAGER」のスペルが間違っていて「LAGAR」になっており、回収騒ぎになったものです。しかしそれがニュースになったことで「そのくらいで廃棄するのはもったいない」という世論が高まり、急遽販売が決定されたものなのです。このミスプリントビールは、コレクターとしては絶対に手に入れておきたい一品ですからね。

結局、全部で五十六缶になりました。LCCの預け荷物無しプランで、中身が入っている物は機内に持ち込めなかったので、現地で全部ひとりで飲んできれいに洗って、荷物はほぼ空き缶の山だけでリュックいっぱいで帰宅しました。

空港のX線検査の人に毎度苦笑いされること三十数年が、僕の人生です。

第10回

別名「マンゴー駅」
「南宮崎」のゴミ捨て場で
人生を思う

宮崎県

2021年2月24日

二月の下旬に、宮崎県の芸術文化協会から依頼があり、およそ二十年ぶりくらいに宮崎県を訪れました。今回の仕事は、一日目に「石川浩司、みやざきをたたく」という映像撮影。何でもパーカッションにしちゃう僕が宮崎の観光地などを回り、風光明媚な景色の中、素手やスティックなどで銅像や樹木や石などを叩いていろんな音を出すという映像の撮影でした。これは去年、練馬区の企画で僕が古い一軒家を丸ごと、台所やら縁側や子供部屋などにある物を次々叩いて音遊びをするという映像を見て企画されたものだと思われます。

二日目はその映像を観ながらのトークや、ギター弾き語りのソロライブ。

三日目は宮崎県で一番大きいというホールで、主にハンディキャップのある人を主体とした県主催のパフォーマンスコンテストの審査員と、地元のミュージシャンとガラクタパーカッションで即興セッションライブという内容のイベントで、なかなかどれも面白い仕事で楽しかったです。

そして帰路につく前に、せっかくのチャンスと地味町を探したところ、今回の「南宮崎《みなみみやざき》」に白羽の矢が立ちました。駅名は南宮崎ですが、改札を上がると「マンゴー駅」の表示があって記念写真が撮れるようになっています。確かにマンゴー駅の方がインパクトは大きいです。早くこちらを正式名称にした方がいいですね。

駅前には大きな椰子の木がありました。さすが南国宮崎。そういえば昔は新婚旅行と言えば宮崎という時代があったんですよね。最近は日本の南国というとすっかり沖縄にお株を取られた感じですけれども。でも確かに東京よりあったかくて、どことなくのんびりした空気が漂っています。

さて、散歩する前にちょっと駅のトイレに。最近は年齢のせいで少々頻尿なのでとりあえず入っておきます。と、「最近、トイレの便器の中に弁当のご飯やおかず等を捨てる方がおられます」との貼り紙が。これはもしかして捨てているのではなく、便器を食器として使用している妖怪がいるのではないでしょうか⁉︎

まぁ、あまり深く詮索せずに次に行きましょう。

住宅街の中に唐突にあったのが「サンタのおうち」。なんとこんなところにサンタさんは住んでいたのですね。てっきりもっと寒い国に住んでいるものと思っていました。ま、実際はラブホテルだったのですが。

そういえば僕はサンタさんともバンドを組んでいるのです。二年前から活動している「荻窪ヒッターズ」というユニットなのですが、メンバーは僕と、ワハハ本舗の座長で「ポカスカジャン」の大久保ノブオさん、「東京パノラママンボボーイズ」のパラダイス山元さんという、三人全員パーカッションという変わったユニットです。パラダイス山元さんは史上最年少の三十五歳で「公認サンタクロース試験」に合格し、グリーンランド国際サンタクロース協会に正式に認定された、アジア初の公認サンタクロースなのです。まさか普段は宮崎に住んでいるとは思いもしませんでした。きっとこのおうちには世界各国のサンタさんがギュウギュウに詰まっているのでしょうね。ちなみに公認サンタクロースは基準として体重が百二十キロ以上とのことなので、さぞかし暑くるしそうな光景を思い浮かべました。

「こうじが元気」と僕のことを応援してくれてる貼り紙も見つけました（もちろん「麹」のことです）。実際僕は最近元気なのです。元々すごく虚弱体質で、子供の頃は毎週のように熱を出していて、体温計の目盛りのないところまで熱が出たこともあり、お医者さんに「この子は今夜が峠かもしれません」と言われたこともあるくらいでした。そして大人になった今でも、年に二、三度は高熱を出してぶっ倒れることがあるのですが、コロナ禍になった途端、何故か体調が良く元気になってしまったのです。これはマスクをするなどの効果もあるかもしれませんが、仕事が減ったおかげで、疲労から来る発熱が多かった僕には、ステイホームがとても効果があったようなのです。禍転じて福と為すというか、こういうこともあるのですね。グータラ環境で浩司は元気です。

『「辛」という字が「幸」に見えます。』という看板もありました。確かに辛という字は幸にも見えますが、逆に幸せという字も辛いに見えますよね。しかしどうしてツライとカライは同じ字なのでしょうか。カライものが好きで幸せを感じる人もいますよね。

こんもりと木の茂っている場所があったので行ってみると、赤江《あかえ》町古墳と書かれていました。しかしそこに並んでいるのは、首無し地蔵ばかり。どちらかというと体より頭があった方がいいですね。なんで首というのはこうももげてしまうものなのでしょうか。昼間だったので良かったですが、夜に突然ここに迷い込んだら、僕も首をもがれて石化してここに安置されてしまう気がする、ちょっとゾッとする空間でした。

道を歩いているとゴミ捨て場に「資源物の持ち去り禁止」の貼り紙がありましたが、これにちょっとドキッとするのは僕だけでしょうか。昭和の時代はあまりこういうことは書かれていませんでした。二十代の若くて貧乏だった僕は、燃えないゴミの日は、当時住んでいた高円寺《こうえんじ》の街中を宝探しの気持ちで夜中に散歩したものです。まだまだ使える電化製品や古本などをよくゴミ捨て場から拾ってきて活用していました。

その中でオヤッという物がありました。まだ使えるスネアドラムがひとつ捨ててあったのです。当時僕はライブハウスでギターの弾き語りをしていましたが、同年代の同じくアマチュアミュージシャンとお遊びでセッションなどをすることもあり、「これは使えるぞ」と持ち帰ったのです。それが僕の人生の大きな分岐点になるなんて思いもよらずに。その後「たま」を結成する時「石川さんは太鼓持ってたよね」ということでパーカッション担当になり、そこから僕のパーカッション人生が始まったので、ゴミを漁るような性格じゃなかったら、まったく違う人生を歩んでいたかもしれません。ある意味、ゴミに助けられた人生と言ってもいいでしょう。ゴミよ、ありがとう。

さて、お腹が空いてきました。南宮崎駅の一階にザ・昭和の食堂「ライオン」があったので入ってみます。何か地元っぽいメニューはないかなと探したところ椎茸丼が目についたので頼んでみました。とても肉厚な椎茸がたっぷり入っていておいしかったです。

ぼちぼち帰りの飛行機の時間も迫ってきました。名残惜しいけど腰を上げることにします。空港までは二駅なので近いです。東京で使ってるＳｕｉｃａは使えるかなと切符売り場の貼り紙を見てみると、使えることは使えるのですが、使える範囲が五駅分だけ！　それ以上遠くに行く方は、ちゃんと切符を買わなければならないという、南宮崎の町でした。

第11回

桜の樹の下に貯水槽が埋まっている町「上福岡」を歩く

埼玉県

2021年3月25日

ここのところこの連載は沖縄、宮崎と来て今回は福岡。九州めぐりですか〜と思われたかもしれないですが残念、ここは埼玉県です。元々は上福岡《かみふくおか》市という市だったのですが、合併して今はふじみ野《の》市になっています。ちなみに今「ふじみのし」で文字変換したら「不死身の死」と出ました。死なないのか死んでるのかわからないパラドックスみたいな名前の町ですね。

到着したのはちょうどお昼時で、まず腹ごしらえしていくか〜と思ったら駅前に六百八十円均一という格安の食堂「とん沢」があったので、まるで動くカーペットでもあるかのようにススーッと入店してしまいました。店内はほとんど満席。僕よりちょっと上の世代で隠居生活をしている人の溜まり場といった感じで、昼間からおかずをツマミにして飲んでる方の多いこと。どうやら昼飲みの聖地なのか、馴染み客らしいお客さんが次々に入ってきて「おぉ○○さん、最近腰はどうかねぇ」などと会話をしながらビールやチューハイを飲んでいます。若い女性が入ってきたら一杯奢ってもらえそうな雰囲気でした。

盛り上がっているお客さんがいる一方、カウンターで僕の隣に座っていたひとりのオッサンは、ずっと皿の上のとんかつに向かって喋りかけています。時々ハハハッと小さく笑ったりもしています。まあ、楽しそうならそれもいいですね。とんかつは、六百八十円とは思えない立派なもので、ソフトでおいしかったです。

各駅停車しか停まらない駅にしては街は結構栄えていました。昼だったのでまだ空いてませんでしたが、飲み屋も多かったです。中にはキャンペーンで「蛇口焼酎」が一時間百円という破格なお店もありました。蛇口をひねると焼酎が出てくる飲み放題のシステムです。これは飲兵衛にはたまりませんね。蛇口の下に口を開けて延々ゴキュッゴキュッと飲み続けるオッサンの姿が思い浮かびました。僕も最近こそ酒量は減りましたが、若い頃は毎日酒はかかせませんでした。ビールは高級品で、もっぱら焼酎でした。日本酒は二十歳ぐらいの時に一升瓶をひとりで空けたのはいいものの、ひどい悪酔いをして、それ以来日本酒だけは飲めなくなってしまいました。思えばあの当時は当然一番安い酒だったので、今は使えない混ざり物などが相当使われていたのかもしれませんね。

工事のために休んでいるお店もありました。「工事のため3／21～3／28お休みです。2階いつまでも」という貼り紙がありました。二階はいつまでもお休みなら、それは閉店というのではないでしょうか。まあ種明かしをすれば「いつまでも」という名前のお店なのですが、まぎらわしいですね。

「居酒屋ビッグはしばらくの間 食堂になります」という貼り紙もありました。しかしコロナ禍で居酒屋さんの中にはこんな風に食堂に鞍替えを余儀なくされる店もあるのですね。確かに緊急事態宣言発令の時はアルコールの提供が夜七時まで、閉店八時では居酒屋としては成り立ちませんものね。これは僕らミュージシャンの仕事場であるライブハウスも同様です。ライブは通常一般の方の仕事終わりに観るものですから、平均して夜の七～八時に開演という店が多かったので、この時短要請では実質営業できません。やけになって平日の四時半開演とかにもしましたが、当然一般の仕事をしているお客さんは来たくても来られる時間じゃありませんでした。いつになったら通常の営業時間で開演できるのか、こればかりは先がまったく読めないので正直困惑しています。

すごい名前の保育所を見つけました。「ド保育所」という名前です。「ド」を付けるのは通常ド根性とかド派手とか激しい様子を表す言葉なので、この保育所では何かとてつもなく激しい保育が行われるのでしょうか。それに対しすぐ近くに「なかよし保育園」という保育園もありました。「こどもらよ。あそべ・うたえ」と教育よりもまず楽しく生きろ、ということを謳っていて好感が持てます。もしかして「ド保育所」と経営者が同じで、保護者が「さぁ、どうしますか。勉強は一切無しでとにかく遊ばせるだけの保育園か、厳しくしつける保育所か、お子さんをどう育てますか?」という究極の二択を迫られるのかもしれません。

とても元気で楽しそうな葬儀屋さんもありました。かわいい金太郎のイラストがトレードマークです。元気にもりもり灰になっていくということでしょうか。お別れルームもありますね。人間、死なない人はいないわけですから、金太郎のように笑って死んでいくのも乙なものですね。もっとも、まさかりで殺された場合は、あまりここは使用したくないかもしれませんね。

チョッキがNGという理容室もありました。「あんた、チョッキ着てるね。うちの店は入れないよ!」という、特殊なドレスコードで入店お断りの店かと思いましたが、よく見たら「チョッキＩＮＧ」という、現在進行形でチョッキチョッキ切りますよ、という意味の理容室でしたね。「Ｉ」の字の色だけ、赤、青、白の床屋さんカラーになっていてイラストに見えてしまいました。

公園がありました。ちょうど桜が咲き始めていて、この日は平日だったのですが、花見をしている人たちもいました。「桜の樹の下には屍体が埋まっている」と梶井基次郎も言っていましたが、桜のすぐ横には

「ここに埋設された耐震型緊急用貯水槽は災害時の非常用飲料水を確保するために造られたものです」との看板がありました。埋まっているのはどうやら屍体じゃなくてお水のようでちょっとほっとしました。

ちなみに看板の後ろに新幹線型の建物がありました。どうやら昔はトイレだったらしいのですが、今は防災倉庫になっているようです。新幹線の中に入りたかったなあ。

別の公園には巨大なパンダもいました。こちらはちゃんとトイレとなっております。

さらに歩くと、お城も見えてきました。有山城というらしいです。ただし、お城も経営が厳しいようで、一階はテナントでいろんなお店が入ったりもしてました。どの業界も今は踏ん張りどころですね。

さて、そろそろ帰宅するとしましょう。でももしあなたがバスで帰ろうとしたら、事前にちゃんと時刻は調べておいた方がよいですよ。意外と待ち時間が長い場合がありますから（平日は十時台に一本、土休日は十時台の一本と十七時台の一本しかありませんでした）。

第12回
「鶯谷」のブランコでよみがえった親父が教えてくれた「大人の教訓」

東京都
2021年4月11日

四月の中旬、代々木公園で僕が現在やってるユニットのひとつ、「Mont.Barbara」のCDジャケットの撮影会がありました。日の光のあるうちということでお昼から始めて一時間ちょっとで終了したので、せっかく時間があるのだからと散歩をすることにしました。しかしここは東京のど真ん中、原宿《はらじゅく》。これから地方に行っても日が暮れてしまうと思い、山手線の中で一番「地味町」を探すことにしました。ネットで山手線で乗降客数が一番少ない町を検索。すると鶯谷《うぐいすだに》の駅名が上がったので、早速そこに急行しました。もっとも山手線に急行は存在しませんが。

鶯谷、ここは特徴のある町です。東京の北の玄関、上野《うえの》の隣駅ということもあり、ご存知の方もいると思いますが、ズバリ、ラブホテル街です。駅前を降りてすぐ、いわゆる普通の商店街は全くなく、ラブホテルとその隙間に飲み屋がズラーッと並んでいるという、かなり特殊な光景が現れます。僕が散歩したのは昼間だったのでまさに地味町でしたが、夜になったらそこそこ派手になる予感がヒシヒシと感じられる町ですね。

ただ、この日が日曜日だったこともあり、写真撮影には注意しました。何故なら昼間でもホテルから出てきた、まだ愛の湯気がホワンホワンと漂っているようなカップルもいたので、プライバシー保護が厳しい昨今、彼らが映らないように気をつけなくてはならなかったからです。

ホテルによっていろんなサービスもあるようです。コスプレ衣装が百種類のホテルもありました。普通に想像するとメイドさんとか看護師さんとかCAさんとか学生服ぐらいしか思いつきませんが、百種類だと、鎧や甲冑とかもあるのでしょうか。ガチャガチャと激しい音を立てて、かなり動きづらいとは思いますけれど。

結婚前はアパートの部屋に猫ノミがたくさんいたので、僕もラブホテルを利用したことがあります。ラブホテルより、和風の連れ込み旅館の方がなんとなく風情があって好きでしたが、今はほとんど見ることはなくなりましたね。そういえば昔は回転ベッドなどを置いているところも多かったですが、一九八五年に風営法が新風営法に改正された時に基準が変わったようで、それ以降に建てられたラブホテルには一切設置されていないようです。あれはあれで昭和遺産と言ってもいい、味わい深いものだったのですけどね。

とある飲み屋のポスターには「でも、飲まなくても、いいですよ。」と書かれていましたが、そう書かれると逆に絶対飲まなければいけない気分にはなりますね。もしレストランで「でも、食べなくても、いいですよ。」と書かれていたらもっと複雑な気分になりますが。

「月額四千六百円で毎日二時間飲み放題」というお店もありました。これは剛気ですね。一日あたり約百五十円です。これが自分の家の近所にあったら絶対会員になってしまいそうです。でも、以前僕が歌舞伎町《かぶきちょう》の居酒屋で出会ったような、料理は安いけれど「お通しが三千円になりま〜す!」とかだったら困りますけれども。

「想像してください、焼肉ですよ。」と看板に書いてある焼き肉屋がありました。確かに想像したら食べたくなってきましたが、ひとり焼き肉というのもなんだなと思っていたら、蔦の絡まる渋い喫茶店が現れました。カランコロンとドアを開けて入ってみます。

「世茂利奈」というお店です、「せもりな」と読むのでしょうか。野菜カレーとカツカレーが同じ七百五十円だと、どうしてもカツカレーを選んでしまうのは長年の貧乏が染み付いてるからでしょうか。カツも注文が入ってからゆっくりと揚げ、いかにも昭和の感じでおいしかったです。

昔ながらの歓楽街ということで、最近見ることの少なくなったダンスホールなどもありました。紳士淑女たちが華麗に舞っているのでしょうか。おそらく還暦過ぎの人たちばかりでしょうから、かなりヨタヨタだとは思われますが。

「東京キネマ倶楽部」。ん……何か記憶があります。確か十年以上前に僕も出演したことのあるホールでした。ウクレレ大会のイベントで、ウクレレを触ったこともない僕になぜかオファーが来たので「すみません、ウクレレは弾けないので」と断ろうとしたら「いえいえ、ウクレレは一週間で弾けるようになりますから是非出演してください」と言われて、ウクレレを一週間前に主催者から借りて、簡単なコードだけ覚えて歌ったことを思い出します。結構ちゃんとしたホールで、ウクレレを触ったのはその時っきり。また触ってみようかな。

公園に行くと、今は珍しい回転ジャングルジムがありました。これ、正式名称はグローブジャングルというらしいです。ネットで検索したところ「ニッポン企業が開発した世界初の遊具」ということらしいです。最近はこういう感じの遊具は危険だということで取り外されてることも多いようですが、僕の子供時代はよく遊んだものです。懐かしいな。

ちなみに「たま」の僕のレパートリーで「学校にまにあわない」という歌があり「みんなと遊んでいたうちの近くの第三公園」という歌詞は五十年前に当時住んでいた家の近所にあった、前橋市三俣《みつまた》町の三俣第三公園のことです。現在は三俣町五反田公園という名称に変更されているようで、このグローブジャングルもあったのですが撤去されてしまったようです。

椅子がちゃんと付いているブランコもありました。ここで突然子供の頃の記憶がよみがえりました。父親と公園にふたりで行って僕がブランコに乗っていると、親父はブランコの前にある鉄柵に上がってバランスを取りながらヒョイヒョイと歩いていました。僕が小学二年生ぐらいの時ですから、親父もまだ三十代、ちょっと剽軽《ひょうきん》な父親も演出したかったのでしょうか。と、突然親父はバランスを崩すとその鉄柵からズルリと滑り落ちました。柵に股間を強打しています。親父はしばし悶絶した後、僕に向かって反面教師のようにこう言いました。「浩司……こういうところは危険だから歩いちゃ駄目だぞ……」しかし顔は完全に歪み、苦悶の表情を隠しきれませんでした。この時、その言葉よりも「大人でも、カッコ悪いことはあるんだな」としみじみと学びました。

さて、ぼちぼち散歩も終わりにしようと思ったらこんな看板が。「I❤UD」。UD……あっ、鶯谷のことか！　このTシャツがあったらちょっと着てみるのも乙かな、と思いました。UDがどこの地名なのか、一発でわかられることは、決してないでしょうけれども。

第13回

酒類提供禁止の直前、「上野原」で「最後のビール」を味わう

山梨県

2021年4月23日

八王子《はちおうじ》付近に野暮用がありましたが陽のあるうちに終わったので、せっかくなので県境を越えて散歩をすることにしました。東京都八王子市の高尾《たかお》駅から神奈川県を抜けてたった三駅で着く、山梨県の上野原《うえのはら》という駅に降りてみました。

駅付近には「お買い物は地元のお店でネ」という看板がありました。おおっ、ここはショッピングタウンだな。久しぶりに新しいランニングシャツでも探して、買い物でも楽しむかぁと、商店の地図があったので見てみました。ふむふむ、現在地の向かい側は食料品店で、その隣が洋服店、おっ、小僧寿しもあるんだな。これはワクワクが止まりません。そう思ってニコニコしながら道の反対側をクルッと振り返りました。

……これはどういうことでしょう。森しかありません。店どころか、家の一軒すらありません。一夜にしてすべてが山に呑まれてしまったのでしょうか？　もしくは神隠し的なものでしょうか。それとも、この森をガサガサとかきわけると、中に商店街が広がっているのでしょうか。とにかくこのままではショッピングは楽しめません。

こちらよりも栄えている方の南口でも、数軒のお店しかなかったので、住宅街を歩くしかありませんでした。懐かしい火の見櫓《やぐら》もまだありました。きれいなお花も咲いていました。僕は二十歳ぐらいまで花をきれいだと思ったことが一切ありませんでした。最近でこそいいなあと思いますが、何かの感覚が欠如しているのかもしれませんね。

大麻のような葉っぱが生えていました。写真などでたまに見る大麻草と形が似ている気がしますが、人通りの多い橋の横に生えていたのでさすがに違いますよね。ちなみに僕はもちろん大麻はやったことがありません。興味がまったくないと言ったら嘘になりますが、一番の原因は、もし見つかった場合「ああ、石川のちょっと変わった表現はそういうことをやってるから作れるんだ」と思われるからです。そこだけはプライドがあるので、絶対に手を出しません。ただ、昔ネパールで国際的な音楽フェスに出演した時、市長主催の公のパーティに呼ばれた際に、それらしき物がまわってきたことがありました。大麻が認められている国もあるので、あまり露骨な拒否は友好のムードを壊すと思い、口に咥《くわ》えるふりだけして、横の外国人に慌ててまわしたことがあります。会場が暗かったので気づかれずに幸いでした。

ほどなく川に出ました。桂川といって富士山の麓あたりから湧き出て、最終的には相模川になって相模湾に流れ込むようです。渡し場跡もあったので、昔は川を往き来する船も多かったのでしょうか。

駅に戻ります。実は上野原駅はかなり変わっています。北口と南口の高低差が激しいので扉の写真のようなビルになっています。耳はキーンとはなりませんでしたが。

エレベーターも三基あって、改札口は五階です。三階と四階には、降りることができません。一般の人が降りられないそこには、どんな謎の施設があるのでしょう。

最近はあまり見かけなくなった青少年犯罪防止の為の白ポストも設置されていました。これ、昔から思っていたのですが、回収した人は即座にそれを本当に捨てているのでしょうか。「おっ、スンゴいのが入ってるぞ、ムヒヒヒ！」とはならないのでしょうか。一度も中をじっくり確認はしないのでしょうか。疑う僕が汚れた人間だからでしょうか。

山側の北口の駅前に「一福食堂」という渋い食堂があったので、散歩の終わりに入ってみました。この散歩企画では初めて、ビールにおしんこ、イカ刺しで一杯やりました。実はこれには理由があります。この散歩をしたまさにこの日、何度目かの緊急事態宣言が発令され、明後日から「飲食店での酒類提供禁止」のお触れが出たのです。もしこの措置がずっと続いたら「最後の食堂でのビール」になるかもしれないからです。おしんこがいい感じに浅く漬かっていて、とても上品な味でした。

ちなみに街には「空き缶を捨てるな！」と書かれた看板もよく見かけました。そうです。空き缶は捨てるものではなくて、家にきちんとプラスチックケースなり段ボールなりに入れて保管しておくものですね。三十年以上自分の飲んだ空き缶を保管しておくと、このコラムの冒頭で触れたように、本が出せて印税が少しは入ることもありますからね。

第14回

素朴な風情がある「竜ヶ崎」で「いしかわラーメン」を食べてみた

茨城県

2021年5月18日

現在僕の実家は茨城県の常磐線沿いのとある町にあります。九十二歳の父と八十六歳の母がふたり暮らしをしています。しかし僕が上京した後に建てた家なので、僕は住んだことがありません。近所に親戚がいるわけでもないので、実家ではあるけれども郷里ではないという家なのです。

元々両親ともに生まれも育ちも東京で、僕自身も東京生まれですが、前にも書きましたが僕が一歳になる前に神奈川県に引っ越したので僕に東京の記憶は一切なく、その後も関東の中を転々と引っ越したので「田舎はどこですか？」と聞かれてもハッキリとは答えられない根無草なのです。

例年だと正月に兄弟家族など総勢七名が実家に帰省するのですが、折りからのコロナ禍で密になり過ぎるので、集まることができませんでした。そして今月は僕も仕事で地方に行くことがなかったので、ひとりで帰省を兼ねてその前後にこの地味町散歩をしようと考えました。

そこで前から気になっていたけれど行ったことのない竜ヶ崎《りゅうがさき》という町に行くことにしてみました。JR常磐線の佐貫《さぬき》という駅からローカルな私鉄に乗っていくのですが、この佐貫という駅が昨年、龍ヶ崎市《りゅうがさきし》駅に改名になりました。なので龍ヶ崎市駅から竜ヶ崎駅に行くという、なんだか紛らわしいことになりました。竜か龍かも統一が取れていませんね。

しかも、JRは龍ヶ崎市駅ですが、隣接している関東鉄道の駅名は、以前のままの佐貫駅という、初めての人にはこんがらがる事態なのです。

列車にはかわいい竜のイラストが描いてありました。

商店街には僕的にはなかなか魅力的なお店の佇まいも多かったです。しかし例えばある店ではほぼ砂糖とタバコぐらいしか売っていません。しかもタバコは「わかば」と「echo」という、現在あまりメジャーとは言えない銘柄しか見当たりません。一体一日何人くらいのお客さんが来るのかと、人ごとながら気になりました。でももしかしたら裏でとんでもないブツの取り引きでもしているのかもしれません。明日発売の漫画雑誌とかね。

模型屋さんもありました。子供の頃、不器用な僕は当時一番安かった五十円のプラモデルですらまともに作ることができず、寂しい思いをしたことがあります。普通の人が軽々とできることが僕にはなかなかできませんでした。最近気がついたのですが、普通の人が力の入れ加減に十段階の目盛りがついていたとして「これは四の力だな」「これは八かな」と匙加減ができるところが、不器用者にはその目盛りが無く、単にオンとオフのスイッチしかついてないのではないかと思います。なので例えばネジをまわす時でも一向にカラカラと回らないのですが、力を入れると今度は途端にネジ山がねじ切れてしまいます。つまり力加減がゼロか十かしかないのです。そんな思いをずっとしてきた人生でした。

お腹が空いてきたのでどこか食事ができるところはないかなと思っていたところ、僕の姓と同じ「いしかわ」というお店がありました。「洋食・お好み焼き・パーラー」というなかなか多角経営をしているレストランらしいです。ところが「営業中」の札は掛かっているものの、店内は真っ暗。なのでおそるおそるドアを開けると、季節外れのストーブにあたっているお爺さんが暗闇の中にひとりそっとたたずんで居ました。

少々ビクビクしながら「ええと……やってますか？」と聞くと「あー、はい」と言ってパチリと蛍光灯を点けてくれました。

メニューを見ると店名を冠した「いしかわラーメン」というのが目に止まりました。普通のラーメンの倍額ですが、これはこの店の看板メニューに違いない。どんなものが出てくるかと、ちょっと好奇心で頼んでみました。やがて運ばれてきたのは、鍋焼き風のラーメンでした。さすがに具材が海産物（エビ、イカ、カニカマ）から鶏肉、玉子、たっぷりの野菜まで豪華です。あっさりとしたスープでいただきます。ラーメンの汁を最後まですすり、お茶も飲み、会計をしようと「ごちそうさまでした」と言うと、店主に「コーヒーは飲まんかね？」と聞かれました。咄嗟に「え、サ、サービスですか？」と聞くとうなずくので、それではとご馳走になりました。もうスープとお茶でお腹はタプタプの満タンなのですが。ラーメンを食べてから食後にコーヒーサービスというのは初めてかもしれません。ちなみにメニュー表にはコーヒーはなかったので、サービス専用だったのかもしれません。

ふたたび町歩きを再開します。蔦の絡まる家や風情のあるボロ家が多く、なんだか懐かしくて僕好みの町です。僕は蔦が好きで、以前住んでいた借家でも二階が一面蔦で覆われてきて「お〜、いい雰囲気！」と思ったら、あっという間に大家さんによって取り払われてしまって、ちょっと寂しい思いをしたことがあります。

神社の手水舎《ちょうずしゃ》もやはり竜でした。この町を起点とした竜をメインとしたアニメかＲＰＧゲームでも作られれば、途端に観光名所になるのかもしれませんね。もっとも人が多く訪れたら、この素朴な町の風情は失われてしまうかもしれないので、微妙ではありますが。

自動販売機で「おっ、レトロな缶ビール発見！」と思いましたが残念、お金の投入口にガムテープが貼られていて、販売拒否されました。本当はそれをベリベリッと剥がし、持っていない缶を買いたかったです。

「今回はコレクションの缶ドリンクの収穫は無しかぁ～」と思って住宅街を歩くと、なんと扉写真の様な空き缶畑がありました。もしかしたら、ちょうどいい季節の時に来たら、新製品の缶が咲き乱れていて、僕はその中で頬を紅潮させながら、たくさんの珍しい缶を手に乱舞しているかもしれません。そんな妄想に、夢がパアッと開いた、竜ヶ崎の町でした。

第15回

小説の神様が愛した「我孫子」の家には「顔だけの化け物」が住んでいた

千葉県
2021年5月19日

前回は茨城県の竜ヶ崎でしたが、この日、僕はその茨城県にある実家に泊まりました。前回も書きましたが、九十二歳の親父と八十六歳のおふくろ。まさに後期高齢者ですが未だにふたりで生活しています。元々は遠い親戚だったようで「あそこの息子とあそこの娘が行き遅れそうだからくっつけちゃおうか」ということでのあまり者同士の見合い結婚だったようですが、未だにふたりで楽しく暮らしています。何よりそこがくっつかなければ僕はこの世に誕生していなかったので、本当にちょっとしたことで世界は変わっていくのだなあと思いました。あまり者同士の親でありがてーことです。

親父は元々理系で、個人でミツバチの研究などをしながら、仕事としては蚕《かいこ》の研究をする国家公務員でした。ただ、蚕糸《さんし》業が昔に比べて減っていったので、蚕糸試験場の場長だった頃は国からの指令で相当数の部下たちを別の部署（要するにまったく別の仕事）に異動させねばならない任務を受けて、ストレスから十円ハゲができてしまったり、また、化学繊維に押されて日本で養蚕《ようさん》業の需要が減った為に、インドやインドネシアといった当時の発展途上国に養蚕業の指導に行ったりと大変だったこともあるようです。定年してからは今の家を建て、近所に畑を借りたりして野菜を育てることに楽しみを覚えていました。最近こそさすがに畑仕事はできなくなりましたが、未だに週一回は太極拳などにも通ってるようです。

おふくろは家族が伴侶と息子三人という男家庭だったので、あまり喋らない男たちの中でとにかく会話を弾ませる名人で、今でも直接会っても電話でも、まさにトーキングマシーンのようにお喋りが止まりません。母の口を塞いだら、全身の毛穴という毛穴から言葉が汗のように飛び出そうです。ちなみに学生時代は上皇后美智子さまとずっとクラスメイトだったそうで、いろんな話も聞きましたが、さすがにここでは気軽に書けませんね（笑）。

さて、実家に泊まった翌日の散歩は千葉県の我孫子。これももしかして知らない人には難読地名かもしれませんね。普通に読んだら「がそんし」とか「われまごこ」とかになっちゃいますよね。これは「あびこ」と読みます。あいにくの雨で、駅前のスーパーで慌てて折り畳み傘を買いました。

駅前は最近の地方都市にありがちな、どこにでもあるチェーン店などが多く、正直あまり見るべきところもなくて雨がしょぼ降る中、トボトボと歩いているると住宅街に入ってきましたが、なんだか団地もちょっと寂しそうです。

手賀《てが》沼という沼に出ました。釣船のりばにも誰も人がいません。アヒルが退屈そうにしていました。

この沼はどうやらうなぎが名物らしいですね。「うなきちさん」というキャラクターのイラストが描いてある自動販売機があり、「災害対応自動販売機」と書いてありました。しかしよく見ると「災害対応　動販売機」とも書いてありました。つまりこの販売機自体が災害が起きたら動き始めて人々の救助に向かうのかもしれませんね。災害にあった人もこれがガタゴトと音を立ててやってきたら、ありがたいながらも若干躊躇してしまうかもしれないですね。

小説の神様と呼ばれる志賀直哉の住居跡がありました。しかしなんだか様子が変です。いかつい顔をした彫刻が地面から生えているかのように置かれています。その彫刻の横には「八畳」「二畳・押入」「台所」と間取りの説明文が書いてあります。なんということでしょう。志賀直哉はこんな床から顔が生えている化け物のいる家に住んでいたのでしょうか。そして建物がすべて取り壊された後も、この顔たちだけは抜けずにここに生え続けているのでしょうか。これからどんどんこの顔がせり上がってきて、やがて全身が現れると、ノッシノッシと歩き出すのでしょうか。夜中に「こんばんは。いますかね」と我が家にだけはやってきてほしくないものです。

志賀直哉と言えば白樺派。近所のスーパーでは「白樺派のカレー　栄養士の卵の女子大生が協力しました！」と書かれたレトルトカレーを見つけました。有名になっていなければ、小説を書いてる引きこもり的な老人（予想）には女子大生もなんの協力もしなかったでしょう。

僕は子供の頃は病弱だったので、本だけが友達でした。ひねくれた性格のためにいわゆる「名作」という作品はあえて外してたりしたので、志賀直哉はあまり読んだことはありませんでしたが、とにかく活字中毒でした。

しかし三十代はバンド活動が忙しく、しばらく書物から離れていたのですが、四十歳になった時に「初心に帰ろう」とまた読書を始めました。僕は一度決めるとしつこい性格なので、それからの五年間は「一日一冊読書行」を行いました。五年間ですから三百六十五×五で千八百二十五冊読破しました。しかしこの世の中にはおそらく何百万冊、何千万冊という書物がある中、五年間毎日読んでも二千冊にすら届かないのです。無限とも言うべき書物の世界は、地平線まで広がる大地のようなものですね。

しばらくすると、今度は柔道の父と呼ばれる嘉納治五郎の別荘地跡がありました。他にも武者小路実篤など、かつて手賀沼のほとりは文壇や教育者の保養の地だったのでしょうね。

僕も小学生の頃は柔道を習っていました。僕が初めて日本武道館のステージに立ったのは「イカ天大賞」か「レコード大賞」の舞台なんだろうと思われている方も多いかもしれませんが、実は小学五年生の時に通っていた柔道の道場が群馬県代表として全国柔道大会に出場し、そのエキシビジョンとして「小学生による模範練習」としてステージに立ったのが僕の武道館デビューだったのです。ありがとう、治五郎先生！

さて、散歩も終え、駅に着いたところで大事なことに気づきました。「そういえば、今日は何も食べていないな」と。途端にお腹もグーと鳴りました。

と、駅のホームに立ち食い蕎麦屋さんがあるではありませんか。僕は大の立ち食い蕎麦好きなのです。今でもひとりで外食する時は八割が立ち食い蕎麦屋というぐらいの大好物なのです。

しかし、今回はなんだか不思議な感覚がよみがえってきました。ただの立ち食い蕎麦好きということだけではなく、もっと郷愁に近いなにか……おかしいです。この駅に降り立ったのは初めてのはずなのに何故でしょう。蕎麦屋に近づいた時に「あっ！」と声を出しそうになりました。

カツテボクハココデハタライテイタノデアッタ……。

あっ、違う、僕じゃない。僕に似て非なる人だった！「彌生軒はぼくが働らいていたお店です　山下清」と画伯の色紙の写真がありました。名物「唐揚げ蕎麦」をおいしくいただいて、帰路につきました。

第16回

「稲荷山公園」で降りたのは僕ひとりだけだった

埼玉県

2021年6月17日

梅雨晴れの一日があったので、気候もいいし、たまにはのんびり公園にでも出かけようと思いました。しかしもちろんこのコラムは「地味町散歩」なので、誰でも知っている有名な公園はダメです。と、地図を眺めていると埼玉県に「稲荷山公園《いなりやまこうえん》」という公園がありました。駅名もそのままですが、聞き覚えのない公園です。もしかして、歳を取ってからの方が若い時よりおいしく感じるおいなりさんが、山のように積まれている夢のような公園かもしれません。あの独特の甘みが、還暦近い自分にはなんとも懐かしくて最近ついつい買ってしまうんですよね〜。

この日は平日ではありましたが、西武池袋線に乗ってこの駅で降りたのは、なんと僕ひとりだけでした。無人駅でもないのに、ここは思った以上にマイナーな駅なのかもしれません。

ところが駅前に広がる公園は素晴らしいものでした。ゴチャゴチャしておらず、自然を生かした広い敷地は、欧米の公園を思い出させました。

僕は「パスカルズ」という現在十三名の大所帯のバンドをもう二十六年もやっているのですが、そのバンドは日本よりも何故かヨーロッパやオセアニアで人気が高いという変なバンドなのです。なのでフランスを中心にした海外ツアーも多く、一か月以上にわたる演奏旅行もありました。そのオフの合間などに訪れる、名も無き町の公園にとても感じがよく似ているのです。帰宅後にネットで調べてみると、この公園は昭和二十年に米軍がこの地を接収した際、基地内の公園として整備したものだそうで、米軍管理下の時代には「ハイドパーク」と呼ばれていたとのことで、納得でした。

しかしきれいな公園を守るためにルールの掲示がたくさんありました。「自転車は降りて下さい」「まん延防止対策のため　駐車場閉鎖」「公園内での未成年者の飲酒・喫煙は固くお断りします」（公園内じゃなくても未成年者の飲酒・喫煙はダメだろう……）など。

誰もいない広い公園ですが、コロナ禍蔓延の現在、マスクは必須です。「園内ではマスクの着用をお願いします」と看板があります。これものちのち二〇二一年という年を象徴していることになるかもしれないですね。

すべてのゴミ箱に「お弁当のゴミは入れないでください」と書いてあります。お弁当のゴミは必ず持ち帰りましょう。もしくはコーン素材などで作った「食べられるお弁当箱」を持っていきましょう。

カラスも襲いかかってきます。「気を付けて!!　狙ってる　その弁当・そのビニール袋」と貼り紙がありますが、どう気を付けていいのかはまったくわかりません。死んだカラスを棒に突き刺した物を常に持参していて「お前もこうなるぞ！」ということを示した方がいいのでしょうか。とにかくお弁当は持ってこない方が賢明なようですね。

わずかに遊具もありました。ラッコに乗ったりゾウさんをすべったりしたかったのですが、無邪気にオッサンがひとりで「わーいわーい！」と遊んでる時に限って人が現れて、なんなら「不審者がいます」と通報されるような気がして、グッとこらえました。

お弁当を公園で食べるのは難しいとのことで、外に出て何か食べることにしました。と、公園のすぐ近くにハンバーガー屋さんがありました。しかし看板に近づいて見ると、なんと英語表記しかありません。米軍基地の名残りで、アメリカ人などの居住者も多いのでしょうか。もしかしたら、店内のメニュー表もすべて英語表記の可能性もあります。英語が苦手な僕は、入ったものの、

「はっ、はんばあがあ、ひとつください」

「ヘンヴェーガーワン？　サムスィングトッピン？　オンリー？　ドリンク？」

などと矢継ぎ早に聞かれでもしたら動揺で水をこぼし、テーブルを倒し、それを立て直そうとしたら自らの体勢を崩し、ウエイトレスさんのスカートに掴まったところそれをずりおろして下着が丸見えになってしまい、そのウエイトレスさんの「Nooooo!!」という嬌声に奥から飛び出てきたガタイのいい米兵に「ヘイ、ボーイ！」と顔面に強烈なパンチをくらい、床に無惨にぶっ倒れる自分を想像し、ブルブルと首を横に振り、この店の前を大急ぎで通り過ぎました。

次に出てきたのがあげぱんの専門店カフェでした。これは懐かしくていいぞと思いましたが、あいにくお休みでした。写真左手の貼り紙を見ると「Agepan Dog」などもあるようですが、これも英語表記ということは、やはり床に無惨にぶっ倒れる可能性もあったので、休みで助かったのかもしれません。

ようやく純和風の定食屋さんを見つけました。見たところ、特に英語表記もないようなので安心して、この「まつざき」に入ることにしました。

なんと創業が昭和二十一年です。終戦の翌年からやっているという歴史ある定食屋さんでした。人気No.

1が「ニラ玉そば」というのも、なんだか現代とは思えなくていいですね。僕のあとに入ってきたお客さんが「いつもの！」と注文していたのをみると、やはりこのニラ玉そばでしょうか。僕はちょっとラーメン気分ではなかったので、串カツとしょうが焼きのあいもり定食を頼みました。税込八百七十円です。

と、これが実においしかったです！　サラダの横に付いていたマヨネーズはしょうが焼きに付けてもまた格別なおいしさがあります。七十年以上も続いているということは、この町の人にずっと愛され続けてきたのでしょう。それは味でわかりました。もし次にまたここに来ることがあったら、是非人気Ｎｏ．１のニラ玉そばを注文してみたいですね。

町に戻ると、以前、膳所《ぜぜ》の回で紹介した飛び出し坊やたちが次々に現れました。滋賀県と埼玉県はだいぶ離れていますが、何か繋がりがあるのでしょうか。北前船の影響で、日本海沿いの離れた点々とした町で方言が似てしまうような何かがあるのかもしれませんね。

ちびまる子ちゃんの飛び出し坊やもいました。「ちびまる子ちゃん」の作者のさくらももこさんとは、一時期よく遊びました。夫婦同士でお互いの家に泊まりにいったりもしました。友達の流れで「ちびまる子ちゃん」のエンディングテーマを「たま」でやらせていただいたり、さくらももこさん原作のテレビドラマに出させていただいたこともありました。さくらももこさんはまさにちびまる子ちゃんがそのまま大人になったような感じで、いつでもパワフルでした。『ももこのおもしろ健康手帖』なんて本まで出していた健康オタクだったのに、まさか不健康のカタマリのような僕より先に逝ってしまわれるとは思いもしませんでした。

僕もやがてそっちに行くから、またくだらない馬鹿話をして笑い転げようね。

商店街は「七夕通り」という名称でした。どうやらここは「関東三大七夕祭り」のひとつとして、その日はおおいに賑わうようです。まだ時期ではないので普通の商店街でしたが、ところどころに俳句が詠まれていました。

「芋虫の　伸びて縮んで　上天気」

「防空壕　探検ごっこ　ちちろ鳴く」

「まんじゅうしゃげ　元気をもらい　とう校だ」

防空壕がまだあるのですね。「まんじゅうしゃげ」は「曼珠沙華」のことでしょうね。ちょうどこの句を詠んでいた時にお腹がグーとすいてきて饅頭が出てしまったのかもしれませんね。ところで曼珠沙華ってなんと読みますか？「たま」に「オゾンのダンス」という曲があるのですが（フジテレビ系列の「なるほど！ザ・ワールド」のエンディングテーマになっていたので、記憶にある方もいるかもしれません）、そこでは曼珠沙華を「まんじゅしゃが」と歌っているのです。その前に山口百恵さんの歌にタイトルがずばり「曼珠沙華」という歌があり、そこでそう歌っていると記憶していたのですが、調べてみると「まんじゅしゃか」と歌っています。ところがさらに調べてみると、曼珠沙華の読みは「まんじゅしゃげ」となっています。どれが本当に正しいのかは、いまだに不明です。

さて、いつの間にか西武池袋線の稲荷山公園駅から、西武新宿線の狭山市《さやまし》駅まで歩いてきてしまいました。

駅前に、やはり七夕が名物ということで、織姫と彦星の彫刻がありました。扉の写真がそれです。みなさん、思っていたよりも、織姫と彦星は丸いです。あと、胴体だけで、顔や手足はありません。それでも彫刻の下に「織姫」「彦星」と説明が載っているので「織姫」「彦星」に間違いありません。いつかE．T．のごとく遭遇した時にギョッしないように、よおく覚えておいてくださいね。

第17回

幻の「大泉学園」で思い出す あの漫画家さんや 芸人さんのこと

東京都

2021年6月29日

今回は「駅名を早まってしまって失敗した駅」というのを見つけたのでそこに向かってみました。その名も大泉学園駅《おおいずみがくえんえき》。実は大泉学園という学校は存在しません。ネットで調べたところ「そもそもは東大泉という駅名でしたが、駅のある一帯を学園都市にする構想があり、そのための整備がされた後に大泉学園駅と改称しました。でも、誘致できず名前だけ残ったようです」(西武鉄道)ということで、その「アチャーッ」ぶりを見つけに降り立ったのです。

駅名は失敗しましたが、どうやらここは日本のアニメ発祥の地として、知る人ぞ知る駅だったようで、全然「アチャーッ」ではありませんでした。またここ練馬区には多くの漫画家が住んでいたようで、駅前には様々なキャラクターのモニュメントがありました。

ラムちゃんと一緒に写真も撮ってみました。駅前で人通りも多かったので、この取材の数日後に還暦になる新成人ならぬ新老人にはちょっと恥ずかしかったですが、このコラムのためにがんばりました。

ラムちゃんが登場する「うる星やつら」の作者、高橋留美子先生はデビューの頃に「たま」のライブにお越しくださったことがあり、打ち上げもご一緒して、大ファンだったうちの妻がサインまでいただいたこともあるのです。

それで思い出しましたが、よく「デビューして一番嬉しかったことはなんですか?」という質問に必ずといっていいほど答えることがあります。それはズバリ「こまわり君に自分がなったこと」です。

今の若い人にはピンとこないかもしれませんが、僕が高校生の頃、一番人気のあったギャグ漫画が山上たつひこ先生の描く「がきデカ」という漫画でした。主人公のこまわり君の「死刑!!」というフレーズはそのポーズとともに大流行しました。「こちら葛飾区亀有公園前派出所」通称「こち亀」は誰でもご存知かと思いますが、その作者、秋本治さんが連載開始当初、山上先生のあまりの人気に「間違ってこの漫画を買ってくれますように」と山上たつひこをもじった山止たつひこというペンネームを使っていたのは有名な話です。

その山上先生が「たま」をたいそう買ってくれて、なんと「がきデカ」の雑誌連載の扉絵に、僕ら「たま」の四人が顔の輪郭だけこまわり君になって登場するという回があったのです。これは本当に嬉しかったなー！　学生時代にむさぼるように読んでいた漫画の主人公に、自分がなったのですから。これはどんなにお金を積んでも、なれるものじゃありませんからね。山上先生はその後、この大泉学園からほど近い御自宅に招いてくださったり、某地方にある別荘にまでお邪魔させていただいたこともあります。現在は小説家としても活躍されている山上先生には本当に感謝です。

さて、まずは腹ごしらえをしましょう。北口の駅前で見つけた僕の好きな昭和テイストの「喫茶アン」に入ってみます。決め手はメニューにあったハヤシライスです。僕はハヤシライスが大好きなのです。僕が子供の頃は、カレーライスと並ぶとまではいかないまでも、ハヤシライスは今よりもっともっとメジャーな食べ物でした。当時は牛丼は手軽に食べられる感じではなく高級な丼でしたし、ハンバーガーもまだまだポピュラーではありませんでした。ラーメンなんかも、少なくとも関東ではトンコツなんてなくて、基本はしょうゆか塩で、新顔として味噌が北海道からやっとやってきたくらいでした。パスタなんて言葉もなくて、スパゲッティはナポリタンかミートソースしかなかったです。そんな中、ちょっと洋風なご飯ものと言えばハヤシライスはかなりの人気でしたが、今ではそれを出している店を探すほうが難しいくらいですね。

店内もいかにも昭和の喫茶店という感じで落ち着けました。僕の前の席は「予約席」になっていましたが、まもなくしてその予約の方が現れました。どうやら常連の老夫婦で、定席のようです。ウエイトレスさんも「いつものでよろしいですか?」と尋ねます。きっと若い頃から何十年もふたりでこの席に座って食べているのでしょうね。とても微笑ましかったです。

散歩を開始します。とある飲み屋の前に「通常営業　お酒あります!!」と書いてありました。飲み屋がこんなシュールなことを書かなければいけない昨年からのコロナ禍は、果たしていつ元に戻るのでしょうか。もう二度と戻らないということもあり得るのでしょうか。

「青空駐車」という看板がありましたが、これは青空駐車をしろということなのでしょうか、それともするなということなのでしょうか、どちらかわかりません。また、雨天や曇天の場合はどうなるのでしょうか。誰か答えを教えてください。

神社がありました。「ここは神域（かみさまのおにわ）です」と貼り紙があります。神社は神様のお庭なんですね。時々出てきてオイッチニサンシとラジオ体操なんかもなさるのでしょうか。御神木のまわりの鉄柵を見たら、それを繋ぐ石柱の上に、ひとつずつ松ぼっくりが置いてありました。これは何かのおまじないなのか、それともただの子供のいたずらなのかはわかりませんが、何かの結界がピンと張られているような気がして、ちょっと不気味でしたね。

缶ジュースの自動販売機があったので例のごとく丁寧に見て歩きます。と、持っていない缶「ビタハイプラス」がありました。ここで不思議なのは、他はメジャーな会社の缶ジュースが入っているのに、一本だけ福岡のローカルメーカーの「ビタハイプラス」が入っているということです。こういうことは時々あるのです。どういう理由か、一本だけ場違いな缶が入っているのです。これがあるから、どんな自動販売機も手を抜かずじっくり見廻らなければならないのですよね。

その近くにも自動販売機がありました。サングラスや時計、ゲーム機などが当たるようですが、問題はこの自動販売機の「BIG BOX」という名前です。高田馬場にも同名のビルがありますが、これは欧米人が見たら、人によっては顔が真っ赤になる名前なのです。どういう意味かって? それは是非「BIG BOX　スラング」で各自検索してみてください。

最後に、見覚えのあるお店に着きました。このお店「in "F"」には以前よく出ていました。僕は即興音楽もやるのですが、ある時、バイオリンの太田惠資さんと僕のふたりでやる予定のライブがありました。しかし正直ちょっとメンツが地味かなと思っていたところ、まだカンボジア人ではなくて日本人だった頃の芸人の猫ひろしさんと知り合いました。猫ちゃんは「たま」のライブにも来てくれたことがあるというので「じゃあ一緒にセッションしてみない?」と誘い、承諾を得ました。

しかし普通芸人さんのステージというものは、一回あたり十分とか十五分程度のものが多いようなのですが、音楽ライブは二時間ぐらいが基本です。ということで二時間延々と休む暇なく「♪らっせ〜ら〜 らっせ〜ら〜」とネタをやってもらい、それに音楽を付けました。

前半が終わり途中休憩の時に、楽屋のないこのお店は寒風吹きすさぶ外階段のところが控え場所なのですが、そこで猫ちゃんはズボンを下ろして尻を出すと「あの、石川さん、僕のお尻に大きく『歴史』と書いてください」とお願いしてきました。マジックペンでキュッキュッと左尻に『歴』右尻に『史』と書きました。猫ちゃんは後半が始まると、尻を振りながら「その時歴史が動いた！」と叫んでいました。

そんなちょっと下品な思い出のある、大泉学園でした。

第18回

「小平」の霊園で
逝ってしまった人たちに
思いを馳せる

東京都
2021年7月22日

テレビでも今、散歩番組というのはとても多いですよね。芸能人がテキトーに町をぶらりぶらりと歩いているると、様々なお店や変わった人などに遭遇して、見てて飽きないです。しかし当然これは偶然を装っているだけで、ほとんどの番組は事前に綿密なロケハンや打ち合わせが行われているのはご存知でしょうか。何故なら本当に面白いお店があっても、撮影拒否だったり、その時に責任者がいなくてバイトの人しかいなかったりしたら、説明がおぼつかなかったり、売れ筋の商品が売り切れで見せられないこともありますからね。実際、我が家がやっている西荻窪の「ニヒル牛」というへなちょこなアート雑貨店も、何回か散歩番組に出演していますが、事前に何度もロケハンがあり「何時頃にお店に来ますから、こういう感じで待っていただき、こういう話をしてください」などの細かい台本があるのです。台本と違うことを言ったら、ほぼ放送ではカットです。

しかしそれと違って、僕のこの散歩はもちろんガチで、何の打ち合わせもありません。事前にグーグルマップで「飲食店ぐらいはあるかな」と検索する程度です。お店がほぼ無い一面の畑だったり、団地だけだったりすると、さすがにネタ的に何もないこともあるからです。いくら「地味町」といっても程度がありますからね。それでも実は何回か失敗をしていて、散歩はしたものの、あまりにも町に特徴的なものがなくて、コラムを書くのを断念したこともあります。数日前にも別の町を散歩したのですが、どこにでもあるチェーン店のお店と、個性のない住宅地で頓挫しました。

前回の失敗の要因はもうひとつあって、梅雨が明け、暑すぎて途中で戦意喪失してしまったということもあります。平均して、三時間以上は町をさまよってネタを探しますからね。少しでも涼しいところ、と思ったのですが、例年だと夏はフェスやお祭りなどのイベントに呼ばれて涼しい地方に行くことも多いのですが、コロナ禍になってからはそういう依頼もぐっと減り、都内近郊を歩くしかなかったのです。

この日も最高気温三十三度の完全な夏日。そこで考えた少しでも涼しいところが「お墓めぐり」です。墓地の中なら木々が多いところもあり日除けになるし、別の意味でサム～イ体験ができるかもしれないですからね。ということで今回選んだのが、東京ドーム十四個分の広大な小平《こだいら》霊園が駅前に広がる小平という町です。

まずは墓地に行く前に街歩きをしましょう。この日は東京オリンピック開会式の前日でした。町には五輪の旗などもあちらこちらに吊るされていますが、正直あまり盛り上がっていない感じです。この日の東京都のコロナ感染者数は千九百七十九人。もちろん緊急事態宣言も出されているので、会場は無観客、スポーツバーなども酒類の提供禁止でほとんどが営業すらしていません。「自宅でテレビで観戦するように」というお達しなので、せっかくの日本での開催ですが、みんなで集まって大声で応援などもできないので、どうしても盛り上がりに欠けてしまいますよね。

駅前には、大きな看板で町の人たちが描いたであろう、いわゆる「ゆるキャラ」がたくさんいました。その中でダントツでかわいそうだったのが、「かわいくないコームイン」と名付けられたキャラでした。いろいろ言われることも多い公務員のみなさん、これに負けずにがんばってくださいね。

ちなみにゆるキャラの元祖とも言えるふなっしーとは、僕はセッションしたことがあり、インディーズですがそのセッションDVDまで発売されています。しかしそれを知っている人はあまりいないでしょう。というのはその企画が持ち上がった時、ふなっしーはまだテレビに一切出ていなくて、全くの無名と言っていい存在だったからです。ところが企画からそのイベントが行われるまでの数か月の間にCMに出演し、またたく間に人気が一部で沸騰してしまいました。なのでイベントは超満員でしたが、まだテレビに出始めだっただめに、一般的にはまだ「誰でも知っている」という状態ではなかったのです。ふなっしーの体がとてもデカいので、小さな楽屋がとても窮屈だった思い出があります。そしてまさか十年近く経った今も長く人気が続くキャラになるとは、当時誰も思っていませんでしたからね。

さて、話が少しそれました。町歩きを続けましょう。この町には公園がやたら多かったです。大きなタイヤを埋め込んだ遊具は昔はどこにでもありましたが、最近はあまり見かけない懐かしい感じですね。トランポリンよろしく、この上でポンポンと跳ねて遊んだりした思い出がよみがえります。

公園の中で、注意書きにあらがって柵の中に入っている悪い人も見つけました。まあ、もしかしたら公園の管理人さんかもしれませんが、どう見てもおじいさん。足をすべらせないように気をつけてくださいね。

「日本一巨大なポスト」がありました。投函口は下の方にもあるので、通常使用できます。ちなみに説明板を見ると材料は中華鍋なんですね。どれだけの大量の白いコック帽をかぶった中華料理屋さんが、中華鍋を用意して「ポスト作りじゃ、ワッセワッセ！」と一堂に集まったのでしょうね。

コロナワクチン接種場へ向かう送迎バスの乗り場もありました。どうか何年かしたら「そういえば、あの頃はこんなものもあったなあ」という思い出になっていることを、強く強く願います。

さて、今日の目的地である小平霊園に向かいます。と、そこに向かう道に石屋が並んでました。

「ちくしょう　いしやばかりではないか」

つげ義春さんの「ねじ式」という漫画を読んだ人だけしかわからないパロディですみません。ちなみにつげさんは国際的には手塚治虫さんと並び称される日本を代表する漫画家で、僕が人生でもっとも影響を受けた人と言っても過言ではありません。知らない方は現在でも単行本が発売されているので、是非ご一読をしてみてください。僕は高校生の時にこの人のおかげでアンダーグラウンドという世界を知り、人生が変わりました。僕の今の音楽や様々な活動は、この人と出会わなかったらなかったかもしれません。

僕が作った歌で「メメントの森」というものがあります。一節を書きます。

みんな死んじゃうからこの世は楽し
みんな死んじゃうからこの世はいっとき輝く
みんな死んじゃうからこの世は面白いなあ
みんな死んじゃうからこの世はある

「メメントの森」はラテン語のメメント・モリ（死を想え）から思いついた歌詞です。

若い時は死はただただ恐れの存在でしたが、年齢を重ねていくうちに「死は、生を活き活きとするためにあるもの」と思うようになりました。もちろん死が怖いことに変わりはないですが「死という誰にでも訪れる終わりがあるから、今が楽しいんだよなあ」という考えになってきました。

僕はお墓参りにはほとんど行ったことがありません。理由のひとつは「まだ家族が誰も亡くなっていない」（祖父・祖母は僕が物心ついた時にはすでにいなかった）ということもありますが、もうひとつは上記の死生観にあります。秋川雅史さんの「千の風になって」の歌詞じゃないですが、お墓にその人がいるとは思えないのです。例えば自分の頭から自然に抜けていった髪の毛や、切って捨てた爪が、もう自分のものではないように。亡くなったらその骨は過去にはその人だったのかもしれませんが、もはやその人自体では無いと思うのです。

そんなことで、この日はお墓参りというよりは涼を求めて小平霊園にやってきました。いろんな形や名称のお墓があるものだなあ、フムフムと歩いていると石川家の墓もあって一瞬ドキリとしました。もちろん我が家の墓ではないのですが。実は昨年、僕の親しい人が次々に亡くなりました。なんとなくその名前を探している自分がいました。

山下由さん。僕が二十歳の頃に出会ったシンガーソングライターです。すぐに意気投合して、人生で初めて一緒にバンドというかユニットを組みました。その名も「ころばぬさきのつえ」。このユニットは僕と山下さんは固定で、あとはその時に近くにいるミュージシャンがセッション的に入るという形態でした。知久寿焼くんや柳原陽一郎くんも入ったことがあり「たま」というバンドを組むひとつのきっかけともなった重要な人物です。ちなみに「ころばぬさきのつえ」は歌のユニットですが、パフォーマンスに力を入れて馬鹿馬鹿しいことをたくさんやりました。「ステージと客席の間を新聞紙で幕にして覆い、そこから顔だけくり抜いて歌をうたう」、「バリカンにピックアップマイクを取り付け、僕が頭を刈られているその音をリズムにしながら詩を朗読」、「シーツカバーの中にメンバーが全員入って演奏。お客さんからは顔が見えず動くシーツがモゴモゴと動いてるだけに見える音楽」……などなど。くだらなくも、楽しかったです。

また、僕らがメジャーデビューした頃にテレビ番組で「『たま』に影響を与えたものベスト5」を発表する機会がありました。第一位「虫」第二位「山下由」第三位「つげ義春」第四位「かまやつひろし」第五位「ビートルズ」でした。第一位「虫」は知久君の個人的趣味が強く、第三位の「つげ義春」は僕の趣味が強く押し出されているので、全員の一致した意見ですと、実質一位は山下由でした。それまでに知り合ったミュージシャンの中で、圧倒的に詩人としての力がすごくて、メンバー全員が共通して影響されたのです。ちなみに彼は貝の研究者としてもその学会では有名で、高校生の時に既にその研究で天皇陛下に謁見したことがあるほどでした。最後に僕が一緒にセッションしたのは亡くなる八か月ほど前で、自分の病気が分かっていたのか、その時初めて自分の息子も入れてセッションをしました。その時のなんとも言えない照れた笑顔は今でも忘れることができません。

三木黄太さん。「パスカルズ」でチェロを担当していました。バンド内では十四人いるメンバーの中で年齢は真ん中ぐらいでしたが、一番信頼のおける「優しい親父」的な存在でした。派手さはないですが、いぶし銀のチェロを弾いてくれました。「パスカルズ」は海外公演も多く、長い場合は一か月以上にも及ぶツアー生活。スタッフも入れると二十人以上になるので大型バスを借り切って、ビートルズのマジカルミステリーツアーよろしく、いろんな国を駆け巡りました。そして宿泊先のホテルに着くと夜毎「三木バー」という三木さんの部屋での飲み会が催されました。ヨーロッパは楽屋のケータリングがすごくて、冷蔵庫にはビールが敷き詰められ、ワイン、チーズ、ハムなどが用意されていることも多かったので、それをゴソッと持ち帰り、その部屋飲みに使用することもありました。その中心ではいつも三木さんが笑っていました。

また三木さんは家具職人としての顔も持ち、テレビ番組の「家具職人選手権」などにも出場し決勝を戦うほどの腕の持ち主です。中でも猫をモチーフとした手作り椅子などは芸能人にもファンが多く、江口洋介さんの家にもオーダーして届けたという話を聞きました。その後、ある演劇舞台で江口さんと僕が共演した時に「おたくにある猫の椅子、僕がやっているバンドのメンバーが作っているんですよ」と言うと、驚かれていました。

三木さんと最後に直接会ったのは亡くなる三か月ほど前。NHKのドラマ「となりのマサラ」のサウンドトラックのレコーディングの時でした。これは今年CDも発売されていて、三木さん作曲の曲も入っています。

そして亡くなる三日前、コロナの緊急事態宣言でお互い会えない時に、三木さんが発起人となって「パスカルズ」のZoom飲み会が行われました。仕事場が長野県にある三木さんは、鍋をひとりで作って赤ら顔でお酒を飲んでいつものように楽しくお喋りをしました。翌日の朝には「昨日は楽しかったですね。またやりましょう！」のメールが皆に届けられました。その二日後、布団の中で冷たくなっている三木さんが発見されました。突然死で死因は心臓に起因するもの、とのことでしたがはっきりした原因は不明ということで、コロナ禍の中、詳しく調べられることもなく荼毘に付されました。

ちなみに山下さん、三木さんともに僕よりひとつ年上で、ふたりの「もうすぐオレも還暦だなあ」という言葉が現実にはならずに五十九歳で逝ってしまい、先日還暦を迎えた僕は、あっという間にふたりを追い越してしまいました。

鈴木常吉さん。僕ら「たま」がデビューするきっかけになった「イカ天」（「三宅裕司のいかすバンド天国」）に「セメントミキサーズ」というバンドでボーカルをしていたオッチャンと言えば、番組を観ていた世代の人は「あぁ、あの人」と思うかもしれませんね。その後ソロになりテレビ「深夜食堂」の主題歌の「思ひで」はヒットしました。常吉さんとはテレビ番組以前に、彼が古本屋を営んでいる時からの長い知り合いでした。最後に会ったのは亡くなる一年ほど前。ふたりがそれぞれ弾き語りをした後に、常吉さんのバックで僕がガラクタパーカッションを叩くセッションもしました。お酒が本当に好きで、食道癌のために六十五歳で亡くなってしまいました。

そしてもうひとり。映画監督の大林宣彦さんも、前述の山下由さんと同じ日に亡くなってしまいました。映画『この空の花　長岡花火物語』では僕は山下清役で、映画『野のななのか』では「パスカルズ」全員で野原の楽隊として出演させていただき、テーマ曲も「パスカルズ」で、作詞は僕がやらせていただきました。

大林監督は末期癌を以前から告知されており、監督に「石川くん、僕が逝く時は君の『オンリーユー』を枕元で歌ってくれ」と何度も言われました。残念ながらその約束は叶いませんでしたので、歌詞の一節を記しておきます。

オンリ・ユー　死なないでよ
オンリ・ユー　死なないでおくれ
例え下半身不随になって下の世話も何もかもしなくちゃならなくても
生きてておくれ　オンリ・ユー

さて、ぼちぼち墓場ともお別れです。看板が錆びついたおんぼろの「霊園利用者タクシーのりば」がありました。今回は幽霊も乗りそうなタクシーで帰ることにしますか。

第19回

地下女将軍が出迎えてくれる町「高麗」を歩いてみる

埼玉県

2021年8月18日

埼玉県の飯能《はんのう》と秩父《ちちぶ》の間に不思議な駅名を発見しました。その名も「高麗《こま》」。高麗《こうらい》と言えば高麗人参でも有名な、昔の朝鮮半島の国名です。関係があるのかないのか、訪ねてみることにしました。

駅前に着いたらいきなりズドーンと「天下大将軍」「地下女将軍」と書かれた巨大な像が建っていました。やはり朝鮮半島とおおいに関係している土地のようでした。特に「地下女将軍」という名称がなんか怖いですね。女将軍が地下からビヨーンと飛び出してきたのでしょうか。

「ようこそ高麗郷へ　渡来人の里　高麗」と書かれた看板がありました。どうやらかつて朝鮮半島から渡ってきた人々が集まってこの村を作ったようです。

僕は韓国には過去に四、五回旅行で行っています。ひとり旅もあれば、妻とふたり旅、友人数人で「すごろく旅行」というゲーム旅で一周したこともあります。その様子は『すごろく旅行日和』（メディアファクトリー）という本を昔上梓して、その中で愉快な旅の全貌が書かれているので、興味のある方はネットででも探してみてください。

最初に韓国を訪れた時は正直ちょっとビクビクしていました。反日感情があって、石を投げられたという友達の話も聞いたことがあったからです。ところがそのイメージはいい意味で裏切られました。確かにそういう人もどこかにいるのかもしれませんが、僕は一回も「日本人ということで」嫌な目にあったことはありませんでした。むしろ「日本からわざわざ来てくれてありがとう」という感じを圧倒的に受けました。なんとなくノリが関西人に近いというか、気さくで親切な人が多く、サービス精神も旺盛でとても気持ち良い旅を毎回させていただきました。

ただもちろんカルチャーショックもあり、例えば肉屋の看板は日本だったら豚・鶏・牛の絵あたりが定番ですが、韓国の田舎町に行ったら豚・鶏・犬なのです。犬がニッコリと微笑んで「おいしいボクを食べてワン！」と言っているのです。

釜山の観光地ではないマイナーな市場に行った時は、見たこともない巨大な食用猫が檻の中にいて、これにもビックリしました。もっともその市場からさほど離れていない場所に普通にペットショップもあり、そこにはワンちゃんもネコちゃんもいるのです。食用とペット。一体どう区別しているのでしょうか。

そういえば僕は動物愛護団体がいまひとつわからないのです。一体どの動物が愛護すべき動物でどの動物がその対象外なのか。マジョリティの「カワイイ」が基準なのでしょうか。僕の知り合いには豚をペットとして部屋の中で飼っている人もいますが、それは愛護されないのでしょうか。ずっと疑問に思っていることのひとつです。

朝鮮半島と言えば韓国だけではなく北朝鮮も高麗でしたが、北朝鮮にはまだ足を踏み入れたことがありません。もちろん興味はあるのですが、監視員が常に同行するなど、自由な旅はまだまだ現状ではできそうもないですからね。最近『太陽の下で―真実の北朝鮮―』というドキュメント映画を観たのですが、小学校低学年くらいの学校の授業の様子が映し出されていて、「日本は悪い国です。憎みましょう」と徹底して復唱させるというシーンがありました。これだけ小さい頃から大人である教師に連呼されたら、余程の人じゃない限り、教育という名の洗脳から解けることはないでしょう。とても考えさせられる映画でした。もっとも僕ら日本人だって、様々な無意識の洗脳はあるわけで、僕は大人になってからも、ごく単純なことでも「これは本当にそうなのかな?」「みんな無批判にそう思っているけど正しいのかな?」と考えるようにしています。考えないで習慣に従っていた方が世間は楽に渡っていけるのかもしれませんが、些細なことに常に疑問符を付けることは、僕はとても重要なことだと思っています。

さて、まずは腹ごしらえです。トラックを改造した素敵なインドカレー屋さんがありましたが、残念ながらお休みでした。このままドライブしながら食べられたら楽しいでしょうね。

そこで武蔵野うどんのお店「しょうへい」を見つけたので入ってみました。メニューはセットメニューとうどんのみになっています。お腹もそこそこ空いていたので、五年以上前なら確実にカツ丼セットを頼んでいたでしょう。ところが還暦のちょっと前あたりから明らかに量を食べられなくなっている自分に気づきました。なのでミニカツ丼セットにしました。ちょっと寂しい選択です。ミニでもカツ丼が十分な量があり、手打ちのうどんも無骨ながら腰が強くておいしかったです。

町歩きを始めましょう。意外にも韓国料理屋さんや韓国食材店などは一切ありませんでした。近くに巾《きん》着《ちゃく》田《だ》という観光地があるようです。川が蛇行していて、巾着のような形になった土地を高句麗からの渡来人が開墾したらしく、今は曼珠沙華の群生地としてその時期になると観光客もやってくるようですが、今はその季節でもなく、割と殺風景な場所でした。

「入居者募集　リバーサイド」という看板がありました。リバーサイドというとオシャレなイメージがありますが、案外地味な場所での入居者募集です。もっともリバーサイドは日本語で言えばただの「川ぞい」ですものね。井上陽水さんの曲で「リバーサイドホテル」という曲がありますが、陽水さんの故郷でもある福岡県にライブで呼ばれて行った時に、主催者の方に「あれが陽水さんの歌っていたリバーサイドホテルです」と教えていただいたことがあります。ところがそこはあまり綺麗じゃない川ぞいにある、（失礼ですが）ラブホテルに毛が生えたようなくすんだホテルで、歌のイメージとのギャップに驚いたことがあります。真実なんて、案外そういうことも多いのかもしれませんね。

巾着田の近くには無料の民俗資料館もあったので入ってみます。なかなか年季が入っている建物です。どうやらこのあたりではお菓子を作っていたらしく、その型がありました。しかし大きさが一メートルぐらいあります。こんな大きなお菓子があったのでしょうか？

そして一番驚いたのが、アナログレコードが展示されていたことです。僕が三十歳近くまで、音楽を聴くと言えばレコードでした。それが今や既に失われた文化として紹介されていることにショックを受けたのでした。

ちなみに「たま」が一九八九年にインディーズで出したアルバムはアナログレコードでした。翌年一九九〇年にメジャーデビューした時は、レコード会社の人がメディアをどうするかで悩んでました。なぜならアナログレコードからCDへの転換期で、アナログレコードは少なくなってきましたが、まだCDデッキがどこの家にも普及しているとは言えない状態だったからです。結果、CDと、一番普及しているカセットテープの二本柱で発売することになりました。

今はそのCDすら消えようとしていて、カセットやアナログレコードなどは逆に「レトロでカッコイイ」と再発されている状態なのですから変な感じですね。これから十年後、二十年後に音楽は一体どういう聴かれ方がもっともポピュラーになるのかは、誰もわかりません。

そろそろこの町をおいとましようと思ったところ、お寺さんがあったので、最後にお参りでもして帰ろうと思って石段を上がっていきました。すると「長寿寺境内無断立入者打首ニ処ス　当山執事」と貼り紙が。ぎゃあ、打首ぃぃぃぃっ！　鋭利な刃物によって一刀両断に胴体から首が切断されて、それがゴロゴロと坂道を転がっていくぅぅぅぅ〜っ。その光景に身震いして、僕は慌てて電車に飛び乗りましたとさ。

第20回

これぞ昭和
「平井」の喫茶店でよみがえる
麻雀ゲームの記憶

東京都

2021年8月26日

この日は夜に毎月ソロで出演させてもらっている代々木のライブハウスでライブでした。定例なので毎回重いギターをよっこらしょっと持っていくのはグータラな僕にはめんどくさいので、お店の楽屋の片隅にこのお店専用の自分の「置きギター」をさせてもらっています。手ぶらで入り時間も遅めだったので、午前中に家を出て散歩をすることにしました。

代々木に直行できる総武線で、東京の東側はあまり行くことが無いので秋葉原《あきはばら》より東でどこか地味町はないかいなと路線図を辿っていきました。秋葉原―浅草橋《あさくさばし》―両国《りょうごく》―錦糸町《きんしちょう》―亀戸《かめいど》。どこも有名な地名で地味町とは言えません。秋葉原は言うまでもなく、浅草橋も浅草に続いてます。両国は国技館で、錦糸町は昔からの繁華街。亀戸は亀戸天神が有名で、次の駅はと……。「平井《ひらい》」。（地元の人には申し訳ありませんが）聞き覚えがありません。知らないってことは少なくとも僕にとっては地味町ということですので、向かってみることにしました。

朝ごはんも食べずに出てきたのでまずは腹ごしらえです。ちょうどお昼時なので駅前の喫茶店「ミカド」のランチセットにしました。本日は「牛さがりのガーリックステーキ」がライス、味噌汁、パスタサラダ、ドリンク付きで八百五十円。いいんじゃな〜いと入ってみました。ステーキはワサビを付けていただきます。お店の中は僕の好きな、これぞ昭和の喫茶店。シャンデリアに、奥のスクリーンには無音の外国モノクロ映画が映し出されてます。開店当時は相当モダンだったと思われます。

一番驚いたのがテーブルが麻雀のテレビゲーム台だったことです。昔は多かったけど、今はゲーム機テーブルのある喫茶店を都内で探そうと思ってもなかなか見つからないかもしれませんね。僕が高校生の頃に、初めてテレビゲームというものが喫茶店に置かれました。最初は有名なインベーダーゲーム。子供も大人も夢中になってやりました。それからしばらくして大人のギャンブル的ゲームとしてこの麻雀ゲームが流行りました。このゲームで勝って得点を貯めると、コッソリ換金できるお店もあったようです。僕が二十代の頃によく通っていた高円寺の「モカ」という喫茶店にもありました(残念ながら今はもうお店はありません)。換金はありませんが、勝つと飲食代が無料になるというサービスがあり、熱くなったこともあります。もちろん食事代以上につぎ込んだのは言うまでもありませんが。ちなみに今から四十年以上前でも一ゲーム百円でしたから、物価は今と変わりませんね。ただこのゲーム台の難点は、ゲーム機が大きいので、椅子との間隔が狭くなってしまい、いつも足をギュウギュウに入れてゲームしたり食事をせねばならなかったことです。ふくらはぎの痛みとともに思い出が甦ります。

それからしばらくしてファミコンが発売されました。これはなかなか衝撃でした。それまではテレビゲームというものは喫茶店かゲームセンターでしかできなかったのですから。僕も欲しかったのですがなかなか買う余裕もなかった頃、二十七歳で結婚することになりました。当時アマチュアバンドをやっているだけのアルバイト生活だった僕に、親が「せめて最低限の家具ぐらい買いなさい」と幾ばくかのお祝いを包んでくれました。そのお金で夫婦で相談して最初に買ったものがファミコンでした。なんせ僕らの結婚のモットーが「100年一緒に遊ぶ」でしたからね。はい、馬鹿夫婦です。それからは家庭内紙幣まで作って、夫婦対戦を日々夜中まで白熱して行っていたため、子づくりをすっかり忘れてしまったので、我が家は今でも夫婦ふたりきりです。メジャーデビュー後は「ファミコン通信」という雑誌にゲームコラムの連載までするほどにゲームにはまっていた時期もありました。

さて、町歩きを開始しましょう。相変わらずコロナ禍の影響が続いていて、ペットショップの店頭に置かれたワンちゃんたちの置き物もマスクを付けさせられています。

鳩がたくさん集まっている公園がありました。そういえば人間以外の動物にはコロナは罹らないものなのでしょうか？　例えば鳩が媒介するということがわかったとしたら、この光景はまさに地獄絵図でしょうね。僕の友達のO君は鳥が大の苦手で、鳥のいる神社や公園には絶対に足を踏み入れられません。子供の頃に何かの鳥をふざけてくっつけて来た友達がいたらしく、思いつめて「あいつは殺すしかない」と道で鎌を持って待ち伏せするまで追い詰められたそうです。幸いその友達はその日はそこを通らなかったので、彼も小学生にして殺人鬼となる人生を送らずにすみましたが、生理的に苦手なものって、他人が思っている以上に耐えられないものなのでしょうね。

串揚げ屋で素敵な貼り紙を見つけました。

「もう休業なんてしないなんて言わないよ絶対」

一見、がんばって営業を続けるように思えますが、よく文章を熟読してみてください。

「もう休業なんてしない」＝営業する

「なんて言わないよ絶対」つまり、営業するなんて絶対言わない、営業しない、ということではないでしょうか？　言葉って、難しいですね。

「沙県小吃《サーシェンシャオチー》」という中華料理屋も見つけました。どうやらチェーン店のようですが、僕は初めて見たお店です。なんと世界に六万三千店舗と書いてあります。六万三千ってすごくないですか？　ちなみに調べてみたところ、マクドナルドは世界百十八か国で三万四千店舗を展開しているらしいので、その倍近い店舗数です。中国系かと思いますが、世界のどこかにはこのお店が行けども行けどもどこまでも連綿と続く不思議町があるのでしょうか。

個人経営の古本屋さんがありました。最近はブックオフ以外はずいぶん少なくなってしまいましたが、このお店は割と新しめのようです。子供の頃「大人になったら何になりたい？」と聞かれると「古本屋さん」と答えることが多かったです。もちろん子供だから仕入れの大変さとかはわかってなくて、でも本が大好きだったので、店番をしながら一日中のんびりと好きな本を読んでいられたら幸せだろうな〜、と単純に思っていたのです。僕らが中高生の時代はまだビデオやコンビニとかも普及していなかったので、大人の世界を垣間見られるのは、古本屋さんでエッチな本を買うことだけでした。男子の間では「お前、行けよお」「嫌だ、お前から入れよ！」と、震えながら実益を兼ねた度胸試しをしたことが思い出に残っています。今となっては青春の一ページですね。

そのお店の近くのゴミ捨て場に、本の束が捨てられていました。おそらくは先程の古本屋さんが出したものと推察されますが、僕が夢中になって読んだ沢木耕太郎の『深夜特急』もあるじゃあありませんか！　しかしよく見てみると一巻だけありません。続きものは二巻からじゃあ売れないのでしょうね。

別のゴミ捨て場にはペコちゃんの抱き枕が捨てられていました。子供の頃のお菓子の代名詞だったペコちゃんが処分されてしまうのは、なんだかちょっとだけ切ない気がするそんな世代。持ち帰りたくなりましたが、ギリギリ自制心が働いて耐えました。汚れた大きなペコちゃんを頬ずりするように抱えたオッサンが電車に乗ってきたら、さすがにまわりから乗客がそそくさと逃げていくでしょうからね。

第21回

自転車に乗ったタコが現れる? 象や牛のいる「西荻窪」

東京都

2021年9月20日

この日は吉祥寺《きちじょうじ》のアップリンクという映画館で『酔いどれ東京ダンスミュージック』という映画が公開されていました。友達の大槻ヒロノリさんという酔っ払いシンガーを追ったドキュメンタリーで、僕もちょこっと出演しているので、上映後のトークショーのゲストとして呼ばれたのでそれに登壇する為、向かうことになりました。

この二日前にもやはりゲストとして登壇したのですが、内容は「大槻さんと石川さんの対談及び一曲演奏」でした。ところが約束の時間になっても主役の大槻さんが現れません。「えっ、映画にちょろっとしか映っていない僕がひとりで喋らなければならないの!?」と思った瞬間、ようやく大槻さんが登場しました。しかし様子が変です。まあこの映画は酔っ払いシンガーの悲哀を描いたものなので酔っ払ってやってくるのは仕方がないとして、その酔い方が尋常じゃなかったのです。ほとんど自力で歩けないほどへベレケで、壁を伝ってなんとか移動している状態でした。それでも時間が来たのでとりあえずふたりで登壇しましたが、もちろんまともに喋れる状態ではなく、歌をうたい始めたと思ったら、途中で脈絡無く止まってわけのわからないことを喋り出したりしてもう無茶苦茶でした。もっとも映画も酔っ払いの人生模様を描いたものだったので、お客さんにも「映画以上に本物の酔いどれだ!」と納得させるのには十分でしたが。

そして翌日大槻さんのツイッターを見てみると「昨日は会場に行ったのだろうか? 石川さんと会ったことも全く記憶にない」と書かれていました。まあ、そんな状態でもステージに上がれるのだから、映画の素材にもなったのでしょうけどね。ちなみに大槻さんはテレビ東京の「家、ついて行ってイイですか?」でも取り上げられたので、それを観ている方も多いかもしれません。

ということで、この日もイベントがあったので吉祥寺に行かなければなりませんでしたが、入り時間が夕方の五時だったので「あ、この近くでその前の時間に散歩取材ができるな」と思いました。吉祥寺はもちろん大きな街で地味町ではないので、隣の駅で休日は快速も通過する、西荻窪《にしおぎくぼ》に行くことにしました。

さて西荻窪ですけれど、ここは他の町と違って全く未知の町というわけではありません。出演させてもらったライブハウスなども多いので、何かと降りることもありました。もっともたいてい目的地の店に直行してしまうので、ゆっくり町を歩くのは久しぶりです。印象では「オシャレな店が増えたな」という感じです。駅前のアーケードには名物のピンクの象がいました。「あれ、これ撤去されたとニュースで読んだけどな」と思ったら、どうやら二代目のようです。昔の手作りの風合いから、ちょっとファンシーな感じになっていて若干違和感がありましたが、これも何年かしたら馴染んでいくのでしょうね。

駅前の飲み屋街は昼間ということもありますけど、見てみると軒並み「緊急事態宣言の為、今月末まで休業します」の貼り紙が。寂しいですね。

数少ない開いているお店でもこんな貼り紙が。「おひとり様席だけです。2名様でもあっちとこっちに離れて頂きます。会話が不可となっています」。一緒に来てもあっちとこっちに離れて、さらに会話不可ということは「一緒に飯でも食おうや〜」という日常もできないということですね。飯を食う=話をしようという意味合いもありますから厳しいですね。

また、アルコールが出せないので飲み屋街でもクリームソーダ推しのところも出てきました。飲兵衛は焼き鳥やモツ煮込みを食べながらクリームソーダというのは果たして今後定着するのでしょうか。

「ねえちゃん、メロンソーダもう一杯！」

「あらあら亀さん、飲み過ぎですよ」

なんて会話もあるのでしょうか。

「フジコインロッカー」というロッカーがありました。これは漢字で書けばおそらく「富士コインロッカー」か、もしくは「藤コインロッカー」だとは思うのですが、もしルパン三世がやってきて「フ～ジコちゃあ～ん、どこ行っちゃったの!?」と捜していたら、突如ロッカーがバンッと開いて「ふふっ、この中に隠れてたのよっ！」というフジコ・イン・ロッカーだったら面白いですね。

「自転車止めるなタコ」という貼り紙がありました。この辺には自転車に乗ってくるタコがいるのでしょうか。足が八本あると、漕ぐのにちょっと邪魔にも思えますが、是非その現場を見てみたいです。

缶コーヒーの自販機では、「ONE PIECE」のキャラクター缶が販売中でした。まあ、何が出るのかわからないので、缶コレクターの僕としてはスーパーやコンビニで買うのですが、これが実は微妙な気分なのです。というのは元々「人が集めていない、ゴミと思われているものを集める」というところに興味を持って空き缶を集め始めたのですが、こういう風にメーカー側から「これをコレクションすると、のちのちお宝になりますよ～。コンプリートしてくださいい～」的な感じを出されると、ひねくれている僕は、なんだかちょっと白けてしまうのです。でもまあコレクターなので結局買うのですが、複雑な気持ちにはなりますね。

さて、駅から少し歩いたらバス停がありました。しかし何か変です。地名が変です。と、そのバス停の裏はなんだか奇妙なお店でした。お店には不思議なロボットや土偶などが売られていました。そして、な、なんと、僕のシールやキーホルダーが売られているではありませんか！　はい、すみません。実はここ、僕がプロデュースして、僕の妻がオーナーをやっているへなちょこアート雑貨店「ニヒル牛」でした〜。

僕が店員をやっているわけではないので僕は滅多に来ませんが、西荻窪にお越しの際は、僕を含む二百人以上の作家さんによる、手作りの一点ものばかり見つかる当店に是非お越しください〜。ということで、最後はＣＭで失礼しました！

第 22 回

喫茶店の激安ぶりにビックリする「西天下茶屋」

大阪府

2021 年 10 月 1 日

久しぶりに大阪でソロライブをやった翌日。疲れを癒やすためにお茶屋でもないかな〜と探しに西天下茶《にしてんがちゃ》屋《や》駅で降りてみました。駅近くの商店街に入ると、早速お茶屋、というか喫茶店がありました。看板が「〇〇と喫茶」と、文字が消えてしまっていて「〇〇」がナニカ分からない謎の喫茶店でしたが、「ここでお茶でも飲んでいくか〜」と、外に出ていたメニューを何気なく見て驚きました。クリームみつ豆百四十円、ハムトースト百二十円、氷金時百五十円、カレーライス二百五十円、パフェ二百円！　いつもならもちろん安いのは大歓迎ですが、あまりにも安すぎます。もしかして「ナニカと喫茶」のナニカとは「そんなはずないやろ、全部単位は万やで」かもしれません。もしくは「大正時代にタイムスリップ、二度と現世には戻れまへん」かもしれません。なのでここにはそのナニカが怖くて結局入れませんでした。安すぎてお店に入れなかったのは初めてかもしれません。

他の喫茶店を見てもサービスが過剰です。小倉、明太マヨ、黒蜜きな粉など、トッピングがほとんど無料なお店もありました。

というか食料を無料配布している場所もありました。「食料無料配布」と貼り紙があります。

不動産喫茶もありました。こんなに物価が安いのなら物件もさぞかし安いのでしょうが、さすがに住む決断まではできませんでしたので、近くにあった小綺麗なホテルを見てみました。

夜景の見える大浴場付きのリラクゼーションホテルが一泊千四百円、一か月滞在しても四万円台です。ホテル暮らししても、我が家の家賃より断然安いです。ここは本当に日本でしょうか⁉

「テレビでおなじみ」という謳い文句だと、普通はテレビでよく紹介される食堂とかラーメン屋さんとかですが、この町では「テレビでおなじみ　おいでや自販機」と、「おいでや」という缶ジュースの自動販売機で謳われています。お茶屋の町だからでしょうか。

「おいでや」のすぐ隣には「おいなはれ」という自動販売機もありました。競合他社ということでしょうね。

お酒の自動販売機もどれも百円です。飲兵衛にはたまらないですね。

しかし飲食店の店頭の看板の食べ物のメニューも聞いたことのないものばかりでした。「ミックスリャンピー」「メンジン」「リャンフン」など。

オシャレのお店も意外と多かったです。ここでは寅さんルックのダボシャツ&ダボテコが最先端のファッションのようですね。そういえばそんな格好で闊歩している人もよく見かけました。そしてその横には「クラシックパンツ」という名でふんどしも売られています。クラシックパンツ……物は言いようですね。

真面目な話、ここ大阪市西成《にしなり》区の一部は釜ヶ崎《かまがさき》と呼ばれる「日本三大ドヤ街」のひとつとして有名です。大阪では大好きな一帯で、僕には馴染みの町なのです。少し怪しい雰囲気もありますが、それがかえって僕には魅力的で、ついついこの町に帰ってきてしまうのです。ホテルも昔は確かに労働者が主だったかもしれませんが、一泊五百円などの極端に安いところを除けば、メインの客はとにかく安く泊まりたい若者、そして外国からのバックパッカー的な観光客です。なんならファミリーで泊まっている人もいます。そういう人たちがターゲットになったので館内もリニューアルされて不潔感も全く無く、館内の説明表記板も英語などが並んでいます。トイレは共用ですが清潔なシャワートイレになり、浴場の他に二十四時間のシャワールームや、宿によっては女性には自分の好きなブランドのシャンプーリンスの貸し出しなどもしているところもあります。部屋は確かに狭いですが、たいていフロントあたりに広い談話室兼簡単なキッチンスペースがあり、大型テレビにはゲームやDVDも備わっています。もちろんフリーWi-Fiも完備しているので、少なくとも僕は泊まることにあまり抵抗がありません。

「スーパー玉出」。このあたりに泊まる時、よく行く場所です。玉がよく出るパチンコ屋さん？　いえいえスーパーマーケットです。このあたりに多いチェーン店で「一円セール」などでも有名で、惣菜が特に激安です。名物の「天下茶屋丼」（玉子丼にゴチャッと天ぷらやカマボコなどが盛り合わせられた丼）はこのあたりにしかない弁当でしょう。

大阪に来たらこんなディープな町をそぞろ歩くのも楽しいですよ。

第23回

人生の半分以上を過ごしたトカイナカ「新所沢」

埼玉県

2021年10月28日

二十七歳で結婚して以来、ずっと埼玉県の所沢市《ところざわし》に住んでいました。ですが、この度、諸事情で都内に引っ越すことになったので、ずっと我が町だった新所沢《しんところざわ》を今回は歩きたいと思います。

結婚するまでは高円寺でひとり暮らしをしていたのですが、妻の家族が当時所沢在住で、また、コレクションの空き缶も増え始めていました。しかも当時ただのアマチュアミュージシャンのフリーターだったので、都内で空き缶を置けるスペースがある家を借りることができなかったというのも所沢に住んだ理由でした。東京にも通える、適度にトカイナカだったのも気に入った点です。

最初の二年間は最寄が所沢駅の小さな家を借りました。ところがその二年の間に「イカ天」というアマチュアバンドコンテスト番組で五週勝ち抜き、グランドイカ天キングになり（今の感覚で言うと「M－1」優勝みたいなものです）、CMやさらには紅白などにも出演し、あっという間に世間に知られる存在になってしまいました。

同じく所沢育ちのオードリーの春日さんがテレビ番組で「子供の頃、『たま』のランニングが近所に住んでいるというので友達みんなで探したら、すぐに見つかりました。何故なら、物干し竿に白いランニングシャツがずらーっと干してありましたからね。ハハハハハッ！」と喋っているのも観ましたが、まさにこの家のことだったのでしょうね。

その後、同じ所沢市内のふたつ先の駅の新所沢に引っ越して、途中二回の転居はあったものの、この町で三十年以上の時を過ごしました。

以前に書いたように僕は東京生まれですが、一歳になる前に神奈川に引っ越し、その後群馬や茨城にも住んだので故郷がハッキリしない僕の人生で、一番長く住んでいたのが実は新所沢だったのです。

その新所沢のランドマークとも言うべきものが、パルコでした。当時近所に住んでいて、対談などもしたことがあった蛭子能収さんとも、パルコに入っている映画館などで遭遇したこともありました。「石川くん、今度麻雀やろうよ」と誘っていただいたこともあったのですが、それからほどなくして賭け麻雀で逮捕されてしまった蛭子さんからは、二度とその言葉を聞くことはありませんでした。また「頭脳警察」のPANTAさんも近所に住んでいて、お酒の飲めない甘党のPANTAさんに「石川くん、今度パフェでも食べにいこうよ」と誘われたこともありました。ただ男二人で差し向かいでパフェ……に怯んでしまい、実現には至らなかったのですが。もっともこのパルコも二年後の閉店が発表されたので、この町も変わっていくのでしょうね。

さて、勝手知ったる我が町ですが、気持ちも新たに散歩していくことにしましょう。

駅のエスカレーターには「エスカレーターでは立ち止まろう!!」と表示がありました。最近埼玉県が全国に先駆けて始めた条例です。エスカレーターで立つのは何故か関東では左側、関西では右側ですが、その横を急ぐ人が駆け上がっていくのもある種の慣例となっています。ですが、それが些細な事故を招くことも多いのでこういう条例ができたようです。なのでもし横を走ったりしたら、上で待機している警察官によってやおら羽交い締めにされ、足に縄を付けられ暴れ馬に繋がれ、市中引き回しの刑に処せられることでしょう。

……嘘ですけど、条例は本当です。

埼玉県および東京西部にチェーン店を広げている「ぎょうざの満洲」の本店が新所沢にあります。ここは本当にオススメです。僕的には、西の王将、東の満洲というくらい餃子がおいしいので、是非ご賞味あれ。ラーメンも、癖のない昭和の味ですよ。

僕はあまり地元で外食はしないのですが、駅前の洋食屋「キッチン　サン」のカレーライスだけは時々無性に食べたくなって入ってしまうのです。ある意味、何の変哲もないカレーライスなのですが、僕が子供の頃に食べていたカレーと似ていて、懐かしさがすごいのです。郷愁を思い起こす食べ物ってありますよね。テーブルにあるソースをかけると自分的にはまさに絶品です。五百五十円というお値段も街の洋食屋さんとしては異例に安いですね。もしまたこの町に用事で来ることがあったら、絶対に訪れたいお店です。

「釜めしとダーツ」というちょっと不自然な組み合わせのお店も古くからあります。もっとも最初はただの釜めし屋さんでした。おそらく二代目の息子さんか誰かが「父ちゃん、いつまでも釜めし一本というのは古いよ。今は若者はダーツだぜっ！」「そんなもんかねぇ」というような会話があったのでしょうね。もし今後「釜めしを食べながらダーツってサイコーにオシャレよねっ！」ということになったら、ここが発祥かもしれません。

入ったことはありませんが、「ジューウタン　スナックひろみ」というお店も昔からあります。「ジュウタン」じゃなくて「ジューウタン」というのが歴史を感じさせますね。誰か冒険心のある方、行ってみてください。

最近発売されたのは知っていましたが、自動販売機で「飲むカレー」の現物を初めて見たので早速購入して飲んでみました。インドカレー風で、ご飯にそのままかけてもいけるかもしれません。しかしおそらくですが、流行りはしないと思うので空き缶コレクターとしては慌ててコレクションに加えました。

おっ、さらに見たことない缶発見！　と思ったらなんと缶入りのマスクでした。二枚入りで二百円です。時代ですね。そのうちスプレーアルコールなども販売しそうです。

三年前まで、築六十年くらいの古い家に四半世紀近くも住んでいました。『玄関』という曲のCDのジャケットにもしました。ところが急に立ち退きとなり、現在はコインランドリーになっていました。もう、面影も一切ありません。時代は移り変わり、形あるものは姿を変え、消えていきます。やがて僕も家と同様に泡のように雲散霧消するのでしょう。でもそれは僕だけではなく、あらゆる生き物がそうなのです。

今年作った僕の「ピンクの象」という歌の一節です。

死なない人はどこにもいないんだとわかってても
なるべく死なないように気をつけて
だってそしたら海に行って変な形の貝を拾えなくなっちゃうんだよ

子猫の顔の付いた椅子に座っておしゃべりもできなくなっちゃうんだよ
時は決して戻らない　あの日あの時　何してた
時は決して戻らない　あの日あの時　何してた

それでは僕の人生の半分以上にわたって住んだこの町ともお別れです。思い出を語ったら尽きないけど、
またね。バハハ〜イ！

第24回

「たま」の思い出がよみがえる懐かしい町「西八王子」

東京都

2021年11月24日

二〇〇三年、僕が長年やっていて、そのバンドのおかげで少しは人に知られることになった「たま」というバンドが解散しました。そのバンドが結成してから解散するまでのアレコレが、ちょっと他の人が体験しなさそうな面白さがあったので、翌年にそのバンドの自叙伝『「たま」という船に乗っていた』という本を書いて出版しました。しかしその著作はほどなく絶版になり「まあ、記録として残せたからいいか」と思っていたら、それをコミック化したいというケッタイな漫画家さんが突如現れ、なんとその僕の本を原作として、出版から十八年も経った今年、双葉社のWEBサイトで同名の漫画の連載が始まりました。

原作といっても実在の人物が出てくるドキュメント漫画の為、毎回「この建物はどんな感じだったか」「この時の相手の反応はどうだったか」など詳細を思い出して漫画家の原田高夕己先生に知らせる必要があり、「たま」のことを思い返す時間も必然的に多くなりました。「たま」は自分たちで自分たちをプロデュースする、メンバー四人全員が取締役、だけど取り締まられる事務員はひとりかふたりという弱小有限会社「たま企画室」を作っており、解散時にはその会社は八王子にありました。八王子駅に隣接した旧国鉄時代の職員の宿泊施設だったビルの一画を借り、一階にスタジオ、二階に事務所という塩梅でありました。

久しぶりに八王子《はちおうじ》に気が向きましたが、八王子は都下では最大の都市でとても「地味町」とは言えないので、そのひとつ隣の西八王子《にしはちおうじ》に今回降り立つことにしました。

「きぬた歯科」の看板の上には、一見なんてことないたぬきの動物キャラがいますが、ちょっと捻ったダジャレでした。「たぬき→きぬた」。インプラント治療でよく国道沿いなどにお医者さんの顔の看板があるあの歯医者さんです。ここに通っている人の何割ぐらいがこれに気づいているのでしょうね。

ロックカフェ「アルカディア」には、「たま」がまだアマチュアの頃から出演させてもらっていて、インディーズで出した唯一のアナログのLPレコード『しおしお』の裏ジャケットは、このお店で撮ったメンバーの写真でした。昨年、マスターが病気のために亡くなってしまいましたが、スタッフでお店は継続するようなので、お近くの方は、是非僕らの思い出の地のこのお店に行ってみてください。

古い農協の看板を見つけました。今はJAと呼びますが、まだ農協と呼ばれていた時代にテレビCMに出たことがあります。僕が大きなおにぎりを頬張るシーンもあったのですが、それが僕の顔より大きい本物のおにぎりでした。とても重いし、何より炊き立てのご飯だったのでものすごく熱いのです。両手で持たなければならない大きさだったので熱さを逃がす場所もなく、また巨大だったため、どんどんおにぎりが自重《じじゅう》に耐えきれず崩れていくのを必死で直して撮影しました。当時は事務所に所属していて「たった一日のCM撮影で、ひとりに百万円ずつあげるよ!」と社長に言われて喜んで出たのですが、後で他の人から「当時の君らだったら、数千万円、もしくは一億近いギャランティだったかもしれないよ」と言われて「騙された……」と思いましたが、後の祭りでした。そういえば社長がしばらくして高級外車に乗り換えて、颯爽と事務所に乗りつけていたのを思い出しました。

国道沿いには、懐かしい牛乳の看板や、最近はあまり見かけなくなった牛乳瓶入れも健在でした。

僕が空き缶コレクターだということは本書で何度も触れてきましたが、正確に言えば「自分が飲んだデザインが違うドリンクの空き缶」のコレクターなのです。そもそも僕がそんなコレクションを始めたきっかけは友達でした。路上観察学会などを主催していて芥川賞作家でもある赤瀬川原平さんに師事していた「穴あきブロック塀の写真コレクター」の広瀬くんと、「九九が成立している車のナンバープレートの写真コレクター」の徳山くんというふたりの友人の独自のコレクションに感化されて始めたのです。

そしてそのブームはさらに僕の友達にも広がり、各地の便所に入ってはトイレットペーパーを集める奴、古い鉛筆を探して文房具屋を駆け巡る奴、そしてこのような全国の牛乳瓶や牛乳瓶入れコレクションを始めた友達もいました。なのでこういう物を見かける度に「あいつ、これは持っているかな?」とその友達を思い出しますね。

みなさんも是非「他の人がやっていないコレクション」を始めてみませんか? 誰もやっていなければ、すぐに日本一になれますよ。ちなみに僕の空き缶は約三万本で、引っ越しの度に引っ越し屋さんに驚かれ笑われますが、スーパーマーケットでの安売りなどでも買うので、一本百円として、せいぜい三百万円程度。それで日本一(もしかしたら世界一)になりましたが、このコレクションによって出たテレビやラジオや雑誌は数十回。書籍も出版されたので、正直そのギャランティや印税でほとんど元が取れている、お得なコレクションです(笑)。

お目当ての大衆食堂に着きました。事前にちょっと調べたところ、鶏肉三百グラムも使った唐揚げ定食が、たったの五百円で提供される昭和そのままの食堂ということで、「ここで昼飯を食おう!」とちょっと意気込んでいました。ところが営業中と書いてあるしドアも開くのですが、店内は真っ暗で人の気配もありませんでした。一時間くらい散歩してもう一度訪れてみましたがやはり同じでした。もし西八王子に行く機会のある人がいたら、是非やっているか、もしくは厨房の中に倒れた店主がいないか確認してください。

結局、駅前の立ち食い蕎麦屋で、三百九十円のかき揚げ蕎麦をたぐって家路に着きました。この日は秋晴れで、甲州街道も綺麗な銀杏並木の、とても気持ちのいい散歩日和でした。

第25回

下北沢の兄弟「上北沢」にはボブ・ディランが似合う

東京都

2021年11月27日

東京で「若者の町」と言ってまず思い浮かぶうちのひとつは下北沢《しもきたざわ》ではないでしょうか。僕もいくつかのライブハウスには今も時々出てますし、小劇場も多いです。言うなれば高円寺と並ぶサブカルチャーの町と言っても過言ではないでしょう。しかし京王線には上北沢《かみきたざわ》という駅もあって、言わば上下の北沢ブラザーズ。けれどもさほど噂を聞かず、あまり陽の目を見ることのないこの上北沢に、今回初めて降り立ってみることにしました。

駅を出ると北口に小さな商店街、南口はほぼ住宅街という感じでした。まずは商店街の方から歩いてみましょう。

いきなり千円カットならぬ六百九十円カットという破格なヘア・サロンがありました。ちょうど髪の毛を切ろうと思っていたタイミングなので「これはいい！」と入ろうとしてハッと気づきました。この日は土曜日。「平日タイムサービス」なので時間帯は大丈夫だったのですが、終わった後「六千九百円になります。……今日は平日じゃありませんからね！」と言われて財布カラッポ、涙がポヨヨヨーンとなる可能性があることに気づき、慌てて退散しました。

結局、そのすぐ近くに千円カットの理容室があったので、そこで刈ってもらいました。ただいつも思うのですが、僕の注文は「二ミリの丸刈り」なのでバリカンでザーッとやって終わりです。この日も三分くらいで終わりました。理容師さんにとっては、簡単でお得なお客かもしれませんね。

僕が初めて丸刈りにしたのは二十五歳くらいの時で、それまではずっと長髪でした。でも髪を整えるのがめんどくさくて坊主にしたら、これがまぁ、楽。風呂から上がってもドライヤーはおろか、タオルでひと拭きすれば乾きます。もちろん髪型を考える必要もないので、みなさんも一度試してご覧なさい。坊主の気楽さに他の髪型に戻す気持ちにならないかもしれませんよ～。ちなみに髪の毛ゼロの、いわゆるツルツル頭は逆に産毛の処理などがあるので、こちらの方が大変だと思います。

「入口ビル」というビルがありました。ということは「あそこに入って行く人を見たことはあるけれど、出てきた人はひとりも見たことがない……」というビルかもしれません。もし誰かにこのビルに呼ばれたら、まずは出口を確認してから入る方が無難かもしれないですね。

銭湯もありました。「砂糖のなごみ湯」というイベントをやっているようです。でも砂糖入りのお風呂はなんか体がベトベトして、しかも出た後に蟻とかがたかってきそうで、ちょっと躊躇しちゃいますね。

「egao」というお店がありました。ニコニコ笑ってる顔も描かれているので、絶対「笑顔（エガオ）」と読むと思ったら、「イーガオ」と小さく書いてありました。何故!?

「小池」というラーメン屋さん。これを見るとどうしても「オバケのQ太郎」を思い出してしまうのは僕らの世代の特徴かもしれません。モジャモジャ頭で眼鏡をかけて、いつでもラーメンを食べている小池さんというキャラクターは、藤子不二雄漫画のキャラクターの中でも、他に何をするわけでもないのに妙に印象に残ってますね。「小池さんが出てくるのは『オバケのQ太郎』だったよなあ？」と確認のために一応ネットで調べてみたところ、衝撃の事実がわかりました。「ラーメン大好き小池さん」は「シャ乱Q」の歌にもなったりしているので、誰もがあの人は小池さんだと思っていると思うのですが、実はあの人は当時の藤子先生の仕事仲間でアニメーターの鈴木伸一さんをモデルにしているので「鈴木さん」が本当の苗字だそうです。ただ、何故小池さんと思われているかというと、その家の表札が「小池」だったからなのですが、ラーメン男はその小池さんの家に下宿している鈴木さん、という設定なのだそうです。ひとり歩きした名前やイメージというものは、なかなか覆すのが難しいですよね。

さて、お腹が空いてきたのでそろそろお昼にしようと南口にまわってみます。先ほども書きましたが南口には商店があまりありません。その理由のひとつが、線路に沿った道が京王線の立体交差のために土地が買収されていて、現在空き地になっているところがほとんどだからだと思われます。線路沿いは一等地ですから、以前はそれなりに商店もあったのじゃないかと予測します。

そんな中、一軒の中華料理屋さんだけが、頑固に立ち退かずに営業していたので入ってみました。店の中は思った通り、昭和テイストな僕の好きなタイプのお店でした。演歌のポスターが貼られ、古ぼけた時計の下には、壁一面に手書きのメニューがこれでもか、と書かれています。好物の酢豚定食を注文しました。トロミの強い味の濃さに、ご飯もすすみます。きっとこのお店もそう遠くないうちに接収されて、鉄道路線として消えていってしまうのかと思うと、ちょっと切ないですね。

住宅街をポクポクと歩いて行くと、紅葉も映える風情のある池が出てきました。ところが柵があって中には入れません。説明書きがありました。どうやら現在は病院の敷地のために、一般の方は中には入れないようです。造園作業に従事した精神障害のある「将軍」と呼ばれる方の名前を冠して「将軍池」と命名したのは、粋な気がしますね。

さて、駅に戻り、コレクションである缶ドリンクやインスタントラーメン探しのためにスーパーマーケットに入りました。僕は空き缶コレクションが有名ですが、「自分の食べたインスタントラーメンのパッケージ」もコレクションしていて、僕の個人名での最初の著書は、三十年近く前に出した『イラスト図鑑　インスタントラーメン』（同文書院）という本です。何の変哲もないチェーンのスーパーマーケットですが、店内に入ると音楽がボブ・ディランの「ハリケーン」でした。店内BGMでボブ・ディランがかかるところが、下北沢の兄弟である上北沢の面目躍如といったところでしょうか。

以上で僕の上北沢散歩は終わりなのですが、今回この町に来たのにはもうひとつ理由があります。それはここから割と近い三軒茶屋《さんげんちゃや》で、僕の義兄でミュージシャンの佐藤幸雄さん（ex.「すきすきスウィッチ」）が、二年以上もストリートで毎週土曜日にひとりで歌っているので、それにナイショで乱入しようと思ったのです。

いきなり予告もなしに僕が桶や鍋をパーカッションとして担いできたのを見て、ニヤリとしてくれた義兄さんとは、何の打ち合わせもなく、そのまま路上で楽しく即興セッションしましたとさ。

【扉の写真の撮影・ガイさん】

第26回

出前ライブでやってきた「東別院」の居酒屋の短冊に注目

愛知県

2021年12月6日

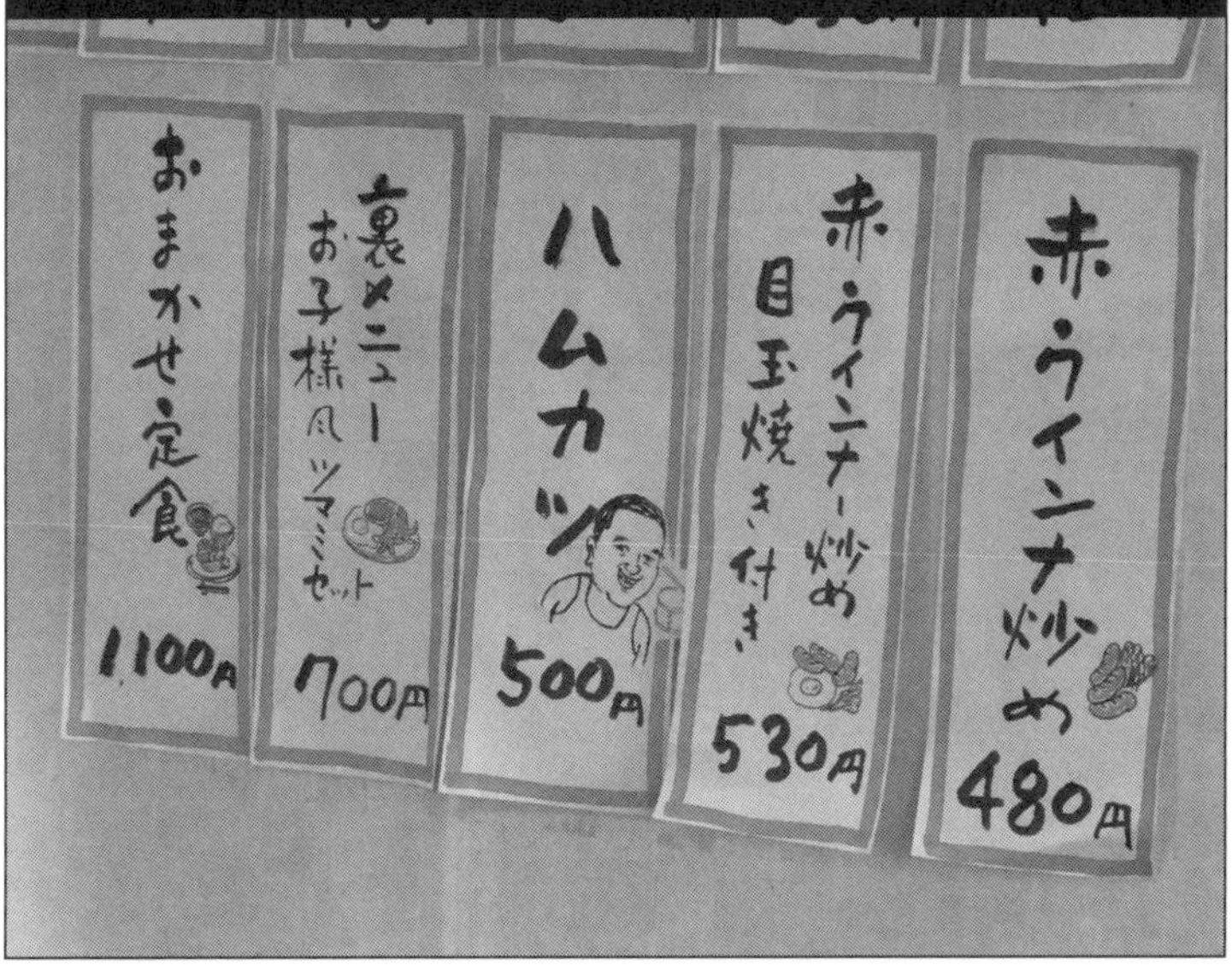

出前ライブで名古屋に呼ばれました。この二か月前にも別の主催者で同じ名古屋でライブもやったし他の仕事でも来ていて、コロナ禍で地方ライブが少なかった中、今年は名古屋の当たり年でした。

出前ライブというのは、オファーがあれば僕が基本どこにでも行って歌ったり演奏したりトークしたりする企画です。しかし僕は事務所などに所属しておらず、全部本人が直接メール等で連絡を取るので（但しテレビや映画などメディアの仕事は流石に間にデスクマネージャーに入ってもらいますが）、ひとつひとつのギャラ交渉が大変なので、自分の「定価」をホームページで公表していて、呼んでもらっています。まあ、ミュージシャン仲間からは「自分の値段を公表してる人なんていないよ！」とも言われるのですが、何分、いちいち相手がどのくらいの金額を想定しているかの探り合いがめんどくさいからという、僕のグータラさが出てる結果なのですが、逆に「金額がわかってるから呼びやすい」と言われることもあります。

今回は小さめの居酒屋さん「はな咲」。スタッフとお客さんがギュウギュウで三十人ほど集まってくれました。店内には僕が中高生の頃に夢中になった懐かしのアナログレコードがたくさん飾ってありました。キング・クリムゾン、EL&P、クイーン、山口百恵、フィンガー5、ピンク・レディ……。思わず見入ってしまいました。

僕の歌「まちあわせ」で「♪兄さんはヨシムラでハムカツ買って食べ歩き～」という歌詞があるのですが、ここのメニューにもハムカツがあり、なんとその短冊に僕の顔が描かれているではありませんか！　なのでライブではその「まちあわせ」のヨシムラをここの店名の「はな咲」に替えて歌ったら、お客さんからヤンヤの喝采をいただきました。

さて、その「はな咲」の最寄駅、名古屋の地下鉄「東別院《ひがしべついん》」あたりを散歩することにします。基本的には住宅街なので、「不審者警戒中」という看板があちこちに立てられております。「何か面白いものはないかいな」と細道に入っては微に入り細に入りキョロキョロといろんな場所を覗き込む中年の僕は、まさに不審者そのものなのかもしれません。

と、以前このコラムの「茶所」でも紹介したキングという缶コーヒーの宣伝が顔を出しました。主に中京地区だけで見かける缶コーヒーなのですが、以前はなかった「噂のネボケKINGコーヒー」と銘打たれていました。看板のおじさんは特にネボケ顔には見えないのですが、そういう名前が付いたようです。新しく蓋付きの三百五十ml缶も発売されていましたので、早速買い求めました。

王妃か、もしくは王女らしき女性も自動販売機に新たに描かれていました。この後「噂のネボケQUEEN紅茶」とかも発売されるのかもしれませんね。

また、別の自販機では珍しいホットエナジードリンク、その名も「暖」も手に入れました。ホット飲料だけあって、エナジードリンクにしては珍しい無炭酸でした。

ウサギとカメの彫刻を見つけました。ウサギとカメは、あの競走の後、こんなところで今では仲良くしているのですね。童話とかは「めでたし、めでたし」で終わることが多いですが、その後もずっとめでたかったかどうかは定かではないので「童話のその後」って気になることもありますよね。桃太郎はいきなり襲われた鬼の残党たちに再び攻められなかったかとか、浦島太郎は何も悪いことをしていないのに玉手箱を開けただけでお爺さんにされてその後はどうなったのかとか、三年寝太郎は睡眠障害を克服できたのかとか。

ボロボロの廃墟を見つけました。塀に「腐」と書いてありました。何も自虐的に「腐」と書かなくても良いのではないでしょうか。まあ確かに完全に腐ってますが……。

「東洋のシンドラー」と呼ばれ、「私に頼ってくる人々を見捨てるわけにはいかない。でなければ私は神に背く」などの言葉を残した「杉原千畝　人道の道」という道がありました。そこを歩いて行くと公園にあたり、その公園には見事なピンクの富士山の遊具もありました。

そう言えば冒頭で書いた「どこでもやります出前ライブ」では富士山の六合目の山小屋でライブをやってくれというオファーもありました。五合目までは車で行けますが、そこからは登山です。山小屋でライブをやった後、さらにその先の宝永火口という場所でも歌ってくれということで歌いましたが、酸素が少なくてなかなか苦しかったです。薄着でギターを抱えて歌う僕の横を、完全装備の登山者たちが不審そうな顔で見ていました。これを読んで「いっそ、あそこで石川に歌ってもらったら面白いんじゃない？」と思いついた人、すぐに僕のホームページをチェックしてみてくださいねっ。

さて、歩いているうちに隣の駅に着いてしまいました。その名も「金山総合駅《かなやまそうごう》」という凄い名前の駅でした。総合格闘技みたいなものでしょうか？　まあいくつかの鉄道が交わっているのでしょうが、そうしたら新宿とかは「新宿大総合駅」と名乗らなければいけないですね。

ということで名古屋にもう一泊して、次回は別の町も散歩してみましょう。

第27回

巨大な鳥居がドドーンと睨みをきかせる「中村公園」

愛知県

2021年12月7日

前回の「東別院編」からの流れで宿泊し、朝、チェックアウトのためにホテルのエレベーターに乗ろうとしたところ、ひとりの若者が一緒に乗り込んできました。と、いきなり「なんにも反省してないんだな！」とその男に言われました。「えっ、普通にエレベーターに乗っただけなのに、何かマナー違反したかな⁉」と思いましたが、ただ淡々と乗り込んだだけで、別にその人にぶつかったわけでもないし、なんだろうと思ったら、男は今度は壁の方に向かって「だから駄目だって言ったんだ！」と怒鳴り出しました。……どうやらこれは僕に言っているのではなく、彼だけに見える幻の誰かに向かって叫んでいるようでした。

最近は街中で独り言を言ってるような人もよく見かけます。しかしそれはたいていケータイでハンズフリーで誰かと話していたなどですけれど、どう見ても彼は電話で話してるのではありません。延々怒鳴り続ける彼と、エレベーターという狭い個室の中で、ふたりきりで何をされるかわからない恐怖の時間は、とてもとても長く感じました。

さて、そんな恐ろしいホテルを出て、今回は同じく名古屋の中村公園《なかむらこうえん》という地下鉄駅に降り立ってみました。と、駅前には巨大な鳥居がドドーンと睨みをきかせています。はて、ここらあたりに有名な神社なんてあったかいな、と思いましたがそれらしきものは見当たりません。帰宅後に調べてみると、元々この地域は「中」という名のまわりは田畑だけの寂しい「村」だったそうで、それで中村という地名になったそうです。それが昭和初期に名古屋市に編入することが決まり、それをお祝いして巨大なモニュメントを造ろうということになり、それがこの巨大鳥居だったそうで、神社等とは何ら関係もない記念物でした。当時の名古屋新聞には、「日本一即ち東洋一とりもなほさず世界一の大鳥居が出来」と書かれたそうです。今ではもっと大きな鳥居も日本にはあるそうですが、当時は世界一の大鳥居だったようですね。立派でした。

名古屋に来ると昔からあちこちに「ひち」と書かれた看板を見かけます。名古屋の人にとっては何の変哲もないものなんでしょうけれど、それ以外の地域の人が「なんだろう?」と思うもののひとつです。名古屋には独自の文化がありますが、この「ひち」はまったく何だか見当もつかないという人も多いでしょう。「預けて安心　売って満足　ひち中村」という看板がありました。そうです。「ひち」は「しち＝質」質屋のことだったのですね。しちがひちに訛ったまま、それが定着して書き文字でも「ひち屋」になってしまったのです。名古屋界隈の人で「えっ、ひち屋じゃないの⁉」と思った方、是非辞書を引いてみてください。日本に「ひち屋」という職業はありませんよ。

また名古屋と言えば、喫茶店が多くてモーニングが充実している、というのも特徴のひとつでしょう。もはや店名がそのまんまの「喫茶モーニング」というお店もありました。そしてこのお店には「一日中モーニングのお店」という看板が出ていました。でも何故かタコライスだけはランチでの提供になっていました。「おやつ饅頭」というお店もありましたが、饅頭をおやつ以外で主食として食べることも、名古屋ではあるのでしょうか。まあ「小倉トースト」を朝食に食べる町ではありますから、ないとは言い切れませんね。

半年ほど前、あるお菓子のCMのオファーが僕に名古屋の会社からきました。「現場の相棒」という塩ビタミンゼリーで、そのCMの作詞・作曲・歌・演奏・出演とすべて僕がしたおかげで、中身は同じですがパッケージだけを変えた「石川浩司の相棒」という商品も特別に発売されました。バンド時代に自分たちで作ったグッズなどを除けば、僕の名前が冠された商品は初めてで、そしておそらくこれが最後でしょう。まだ通販などで買えるようなので、興味のある人は調べてみてください。

神社の入り口に「○を入れないで下さい。境内へ『クスリ』を撒くことがあります」と注意書きがありました。○の部分が消えていたのですが、「子供」とかだったら怖いですね。

住宅街の隅っこに、突然小さな飲み屋街が現れました。昭和の雰囲気が漂う素敵な飲み屋街でした。

銭湯もいい味を出していましたが、残念、まだ営業時間になっていませんでした。最近は銭湯のある町も減りましたが、自宅のお風呂が壊れた時にたちまち困惑しますね。

さらに進むと「ブラジル」と看板のある建物がありましたが、「ブラジル」の上に昔は三つの文字が書かれていたことが想定されます。まわりに石鹸国と言われる施設が多いことから、ブラジルの前にはおそらく別の国の名前が入っていたことが予想されます。若い人にはもうわからないかもしれませんね。ヨーロッパとアジアの間にある、とある国の名前でしたが、その国からそういう施設に自分の国の名称を付けることに抗議が来て、石鹸国に名称が変わったのです。

ちなみにトンカツ、ピラフ、スパゲッティがひとつの皿に盛られているものが基本の、やはりその国の名前のついたライスも長崎の名物料理としてありますが、その名のついた国にはまったくそんな食べものは無いという不思議な料理です。

そういえば名古屋には激辛で有名な「台湾ラーメン」というものもありますが、これも台湾にそもそもあったものではなく、名古屋で独自に開発されたものです。逆に、台湾ではそのラーメンのことを「名古屋ラーメン」という名前で出しているお店もあるという、不思議な文化交流です。

そんな国際的にも独自の文化を持つ、名古屋の裏町をひとりポクポクと歩いてきました。

第28回　中津川

伝説的な野外フェスが開催された「中津川」を歩く

岐阜県

2021年12月8日

岐阜県の山間の町、中津川《なかつがわ》というと皆さんは何を思い浮かべるでしょう。これを読んでいる読者の方は年齢もバラバラでしょうが、僕ぐらいの年代で、特に音楽好きな人はたぶん思いつくことはひとつだと思います。そう「中津川フォークジャンボリー」です。

今や野外フェスというものは音楽ファンには定番となっていますが、その先駆けとも言うべきなのがこの中津川フォークジャンボリーでした。一九六九年から開催されたので、もう五十年以上も前ですね。フォークと銘打っていますが、ロックや、アングラなど今で言うサブカル系も出演し、三回目には当時では異例の二万五千人を集めました。主な出演者は、吉田拓郎、友部正人、高田渡、なぎらけんいち、はっぴいえんど、五輪真弓、あがた森魚、浅川マキ、かまやつひろし、遠藤賢司、岡林信康、三上寛など、マニアックではあれど今も現役だったり、伝説のミュージシャンとして名前を残している人ばかりです。ただ、僕よりさらに先輩ミュージシャンばかりで、一九六九年当時八歳だった僕は、流石にそれを観に行けるような年齢ではありませんでしたが「伝説の音楽祭」として名を馳せていたので、是非一度は訪れたい町でした。

僕がこの中でもっとも影響を受けたのは、高校生の時にライブを観てガガーンと衝撃を受けた三上寛さんです。当時僕は詩などはちょっと書いていて「これを歌にしてみたいな」という気持ちはあって、シンガーソングライターに憧れてはいたものの、とにかく手先が不器用でした。なのでギターは持っていたのですが、押さえられるコードが三つか四つしかなく、いわゆるバレーコードと呼ばれる、人差し指で全部の弦を押さえることができなかったのです（今もできません）。これができないとギター弾きとしては致命的で、ほとんどの既成の曲はどこかでこのバレーコードを使うFやBといったコードが出てくる為、弾くことができません。なので「自分はギター弾き語りは一生できないのだな」と勝手に思い込んで諦めていました。

ところが、三上寛さんのステージを見たら、寛さんもほとんどバレーコードを使っている様子がなく、簡単なコードだけで、しかし圧倒的な迫力の歌や詩の力で、鳥肌が立つ凄いステージを繰り広げていたのです。これを見て「僕ももしかしたらこういう方法でならできるかも？」と思って「弾けるコードだけで曲を作って歌ってみよう」という気になったのでした。

その後その方法で曲を作り始めて、ライブハウスのオーディションなどに出たことから現在があるので、あの時三上寛さんのライブに行かなかったら、人生が大きく変わっていたかもしれません。寛さんとはその後共演もでき、ライブセッション中に（パフォーマンスとして）寛さんの首を後ろから紐で締め、歌を終わらせるという暴挙にまで至ったこともあります（笑）。

友部正人さんは僕がライブハウスに出るようになって最初に前座をやらせていただいたプロのシンガーでした。その後、「たま」がデビューして「友部正人＋たま」で一枚のアルバムを作り、全国ツアーなどもしました。この人の詩は、もはやシンガーソングライターの域を超え、現代詩人としての評価も確立していて、今でも時々共演させていただくことがあります。

高田渡さんは酔っ払いシンガーとして有名でしたが、亡くなる少し前に、「パスカルズ」での演奏中に、僕がちょっとおバカなパフォーマンス演奏をしていたところ、渡さんの「石川、もっとやれー！」という客席からの声援が最後にいただいた言葉でした。

そんな数々のミュージシャンゆかりの地に、今回初めて降り立ってみました。

駅前はどうやら木曽の観光地、妻籠や馬籠に行く拠点となってる感じで、多少の観光地感もありましたが、このコロナ禍の状況で、観光客らしき人はほとんど見かけませんでした。

駅前にはリニアモーターカーの広告があちらこちらにありました。どうやらここ中津川にも駅ができるようで、なんと品川まで五十分です。現在僕は都内に住んでいますが、品川まで一時間以上かかります。なので、品川に会社がある人なら、僕が今住んでいるところよりも完全に通勤圏ということですね。

ちょっとレトロな感じのお店も多かったです。懐かしい駄菓子屋さんも健在です。僕は子供の頃、御多分に洩れず駄菓子屋さんが大好きでした。今は昔ながらの独立した駄菓子屋さんはほとんど消えてしまいましたね。ショッピングセンターやスーパーマーケットの一画に玩具菓子として売られていることはあっても、個人経営のお店はほとんど姿を消してしまいました。僕らが子どもの頃は、お金の使い方をまずは町に必ず一軒はある駄菓子屋さんで学んだものです。万引きをした友達なんかもいて、お店のお婆さんに「警察を呼んで牢屋に入ってもらうよ！」などと激しく怒られて「人のものを盗むと犯罪者になる」ということも教えられた、社会勉強の場でもありました。

僕は親の教育方針で、一般的な友達よりもおこづかいが少なかったです（その分、本などは別途で買ってくれたのですが）。なので「いつか駄菓子屋で思う存分買い物をしてみたいなあ」というのが、その頃の夢でした。たいていはそれは子供の時にそう思うだけで、大人になったら忘れてしまうものです。しかし何事にもしつこい性格の僕は、そのことを大人になっても忘れませんでした。

結果、二十歳過ぎぐらいから、駄菓子というか「駄菓子屋で売っている駄オモチャ」例えばスーパーボールのクジとか変な人形、昔のアイドルの文房具、シールやお面などを買い集めました。子どもの頃より自由に使えるお金があるのをいいことに、駄菓子問屋にまで行ってまとめ買いをしました。果ては中国やメキシコなどにも買い付けに行き、遂には自宅の一画に駄菓子屋コーナーを作りました。ちょうど家の奥に裸電球ひとつの狭いスペースがあったので、そこに昔の駄菓子屋よろしく、いろんなオモチャを所狭しと天井からぶら下げ、本当にそこだけ見たら昭和に普通に営業している駄菓子屋のようで、遂には「自宅の中に駄菓子屋のあるインテリア」としてリビング雑誌の取材を受けるほどになりました。

今はその家も引っ越してオモチャも人にあげるなどして処分してしまいましたが、このように子どもの頃の欲求不満が大人になって爆発することもあるので、お子さんを育てている方は参考にしてください。

さて、町歩きを続けましょう。正直な人限定のお店もありました。「ここの売場は正直な人だけ買えます野菜の数だけ100円玉を入れる人だけです　10円玉　50円玉　1つでは買えません」と書いてありました。

山が近いだけあって木彫りの人形なども売っていましたが、ずいぶん安いです。立派な馬の人形がたったの五百五十円、見事な鷲が千百円です。円の前に「万」が付いてもおかしくない、木彫り人形の価格破壊です。コストコです。

酒屋さんの前には、子供が描いたとおぼしき可愛いポスターも貼ってありましたが「子どもものんでみたい!!」と書かれています。まあ、こんなものを描かされたら子どももついついそう思ってしまうものですね。でもちょっと待っててね。お酒は二十歳になってから。子供たちよ、大人になったら楽しいことも増えるぞー!

電柱に貼られた教会の看板に、さり気なく書かれた「ちんちん石」が気になります。一体どんなものなのか、チンチン音が鳴るのか、それとも形状がそうなのか。何かご利益でもあるのでしょうか。

公園のトイレには「さわやかさん」という名前が付いています。トイレに行くことを「お花を摘みに行く」とか、音楽業界では「レコーディングに行く(音入れに行く)」などとぼかして言うことがありますが、この町では「さわやかに行く」と言うのかもしれませんね。まぁ、爽快になることは確かですね。

「マナーを守って楽しい散歩　散歩中の犬のフンはあとしまつをしよう　中津川市」という看板がありました。これからも、マナーを守って楽しくひとり散歩をしようと思いました。

第29回　行徳

十円料理が立て続けに見つかる「行徳」を歩く

千葉県

2022年1月28日

今回は千葉県の市川《いちかわ》市。上から読んでも市川市、下から読んでも市川市。そんな山本山みたいな市川の、行徳《ぎょうとく》という駅に降り立ちました。

実はこの日の夜に、この町にあるニートやひきこもりの人を支援するNPO団体の施設で、簡単な即興演奏をしてくださいという依頼があって来たのです。しかしその演奏が夜からだったので、この機会に昼間はこの町を散歩しようと思ったのでした。その施設に来るのは二回目。二か月ほど前にも「石川さんを主導に、みんなで日用品を叩いて音楽を作ろう」的なワークショップをやってもらえないかと呼ばれてやってきました。主に台所用品の鍋やらフライパンを菜箸や棒っきれなどで叩いてリズムに合わせて音を出すだけなのですが、これが予想以上に施設に通っている方たちの心を開かせたらしく「今度はその演奏を録画したい」ということで呼ばれました。なので本日も僕が持って行った物は自前のスティックたった二本だけ。施設にある鍋を借りて叩いての演奏会です。

施設に通っているのは子供ではなくて、就職活動を目指す二十代、三十代の人が中心でした。人生で一度も会社に就職したことのない僕を呼んでいただけたのは嬉しいですが、行ってみてちょっと驚きました。なぜなら施設に来ている人とスタッフの区別がまったくつかないのです。要は、全然普通の人たちなのです。まあ確かに若干シャイな人が多いかな、という感じはありますが、それはライブハウスに集まっているミュージシャンとさほど変わりはありませんでした。

そもそもミュージシャン、特にシンガーソングライターなどは自分で作詞作曲などをする人が多く、かなりそれは内向的な仕事でもあるので、元々シャイな人がとても多いのです。ステージでだけは、自分の人格を変えて、ある意味「キャラクターとしての自分」を演じて振る舞いますが、実は人付き合いが苦手だという人も多いので、そういうミュージシャンたちと、この施設に来ている人たちとの差がないので、ちょっと予想を覆されたのです。

そういえば僕も今では人前で変な物を叩いたり奇妙な声で歌ったりしていますが、元々は引っ込み思案のシャイボーイと言われてもおかしくない子供でした。小学一年生の時は、まったく先生と話をすることも出来ず、親が学校に呼ばれたほどです。「このままでは、この子は人とコミュニケーションが取れず、将来ちゃんとした社会生活を送れませんよ」と。まあ、確かに「ちゃんとした社会生活を送れてない」のは確かかもしれませんが、それでも還暦までちゃんとはしてないけれど社会生活は送れてきました。

なので若い人でそういうことで悩んでいる人も、まずは自分のやりたいことを、あまりキッチリ考え過ぎずに気軽になんでもやってみるといいかもしれません。うまくいかなかったら、また別のことをすればいいや〜ぐらいの軽い気持ちで。ひょんなところから道が開けることはありますからね。

さて、本題である散歩をしましょう。駅前の商店街の名前が「行徳かもねぎ商店会」です。なんとなく「ウッシッシ、鴨がネギしょってやってきたぜ」と店主たちが手ぐすね引いて待っているような気がしないでもありません。ちょっと微妙なネーミングですね。

まずは腹ごしらえをしようと思いましたが、「ゴリラーマン」という、どこかで聞いたような名前のお店がありました。てっきりゴリラの肉を食べさせる変わったお店かと思いましたが、扱っているのは和牛でした。

なんと刺身が十円というお店がありましたが、残念ながらまだ開店時間ではありませんでした。しばらくするとまた十円料理の看板が出てきたので「上海軒」という中華料理屋に入店することにしました。しかし店内に入ったら、それらしき表示はありませんでした。おそらく何かメインを頼んだら、その日の別の料理が一品十円になるといったこととかなのでしょうか。中華系のお店に入ったら僕がついつい頼んでしまう、酢豚定食を食べました。酢豚の他にサラダ、スープ、もやし、杏仁豆腐、ウーロン茶、食後にコーヒーも運ばれてきて七百八十円はかなりお値打ちでした。肉もゴロゴロ入っていましたよ。お薦めです。十円の件は満足してしまったので聞くのをすっかり忘れてしまいました。

公園もたくさんありました。そしてすべり台のバリエーションも多かったです。初めてヘリコプターのすべり台を見ました。飛行機のすべり台は、僕が子供の頃に見かけたことはありましたが、久しぶりの再会です。クネクネと体が曲がってしまいそうな螺旋型のすべり台もありました。体がグミになりそうです。

そして究極のすべり台の形がありました。扉の写真がそのすべり台です。すべることだけに特化された、階段なしの双方すべれる、シンメトリーすべり台！

さて、そろそろ待ち合わせの時間も迫ってきたので散歩も終わろうと、ふと住宅街の上の方を見上げると、なんと煙突のような場所のテッペンに家のようなものが付いています。景色は素晴らしいかもしれませんが、たとえ家賃がどんなに安くても高所恐怖症の僕には絶対に住みたくない家です。台風が来たら右に左に揺れて、不安定になるのでしょう。

あそこに住む自分を想像して、ちょっとブルッとしながら今回の散歩は終わりました。

第30回　古島

「古島」のスーパーマーケットで沖縄独自のドリンクを買う

沖縄県

2022年2月19日

今年も、避寒のためにここ十数年毎年行っていたチェンマイには行けませんでした。代わりに去年も行った沖縄にしたのですが、これも当初一か月間行く予定がコロナの感染者急増で最初のフライトはキャンセル、しかしフライトチケットは払い戻し不可ということで、三週間ほど先延ばしに予約変更をし、少し感染者が減ってきたので期間は短くなりましたが滞在することにしました。

そのフライトの前日にニッポン放送で芸人のナイツさんとメイプル超合金の安藤なつさんがパーソナリティの生放送のラジオにゲストで出演して四十分ほどお喋りしたのですが、事前にスタッフから「沖縄に行くことは喋らないでください」と釘を刺されました。仮でライブが入っていたので半分仕事で行くというのはあるのですが、それでもまだ「不要不急に沖縄なぞに行きやがって」という聴取者からのクレームが来ることを怖れてなのでしょう。外国どころか国内移動にすら気を使わなければならないこの時代は、果たしていつ終わりが来るのでしょうか。

ちなみに安藤なつさんは僕が十代の頃に参加していた民族音楽グループ「芸能山城組」が好きで、その後、「たま」のファンクラブにまで入っていたという生粋なファンらしいのですが、それでも「えっ、『AKIRA』の芸能山城組にもいたんですか!?」と驚いていて、知らないうちにずっと僕を見てくれていたことがわかりました。

またナイツの塙さんもテレビドラマが好きで「一昨年の『凪のお暇』も今放送している『妻、小学生になる。』の音楽も石川さんが参加している『パスカルズ』がやっているんですよね」と、いろんな方面から僕に繋がってることが分かりました。

僕もどちらも好きな芸人さんだったので、放送は大いに盛り上がりました。

さて、今回は那覇のゆいレールというモノレールの古島《ふるじま》駅近くのウイークリーマンションを借りたので、その辺りを散歩してみます。

しかしこの辺りは那覇でも「新都心」と呼ばれている場所に近く、あまり沖縄らしさは感じられない地域でした。初めて沖縄に行った三十年以上前と比べると、やはり相当本土化が進んでおり、旅の者としては「東京と変わらないなあ」と思う部分も増えてきて、若干残念な気持ちにもなりますが、現地の人はもちろん、本土と同じ物が食べられたり同じ娯楽が享受できるのは嬉しいことなのでしょうから、しかたないですね。

これは中国やベトナムなどでも感じたことです。発展というのは進むときは一気に進み、いにしえの伝統の片鱗を根こそぎ歴史へと葬り去ってしまう現場を何度も見ました。人はついつい新しいものに目がいくのは当然ですが、新しいものと同じ速度でそれまで当然あったものが消えていくことには、なかなか気づかないものです。

「A&W」という、沖縄だけにあるファストフード店がありました。ここのメインのドリンクはルートビア。おかわりが無料でできるお店もあります。以前もこのコラムの缶ジュース紹介で書きましたが「サロンパス味」の独特な風味の炭酸飲料で有名ですね。好き嫌いが極端に分かれるこのドリンク、一度はチャレンジしてみてください。ちなみに僕は大好きです。

その名も「Tacos-ya」というタコス屋さんもありました。ご飯の入ったタコライスも有名ですが、もちろん蛸ライスではありません。

またモノレールの終着駅は隣の浦添《うらそえ》市にある「てだこ浦西《うらにし》駅」なのですが、『てだこ』を『タコ』だと思った人、浦添立ち入り禁止（笑）」と書かれた看板も立っていました。とにかく沖縄で「たこ」は蛸では無いことは覚えていた方がいいようですね。

「那覇小顔センター」という建物がありました。小顔の人しか入れないのでしょうか。僕はどちらかというと全体的に大きなイメージがあると思うのですが、実は顔に関してだけは小顔なのです。帽子などは子供用のがちょうどいいくらいです。なのでライブハウスなどで「一緒に写真を撮っていただけますか？」という女性がいると、僕が必ずその人より少し顔を前に出して写るようにしています。何故なら同じ距離で撮った場合、たいてい僕の顔より女性の顔が大きくなってしまうので「んまーっ！　石川さんよりあたしの顔が大きいだなんてっ。この写真、破棄だわ、破棄っ！」となってしまうので、それを阻止する為にもちょっとした気づかいをしているのです。

「うしマンション」という建物がありました。「人間は入居禁止だモー」という牛専用のマンションでしょうか。蛇口からは水ではなく牛乳が出るのでしょうか。東京で「ニヒル牛」というへなちょこアートショップを夫婦でやっている僕は、牛関係ということで特別入れないでしょうか。

お昼は、シーサーもおいしそうにスパゲティを食べているイラストが描かれた、沖縄っぽい喫茶店に入りました。「イタリエーヌ」というお店です。ここの「ゆし豆腐セット」は六百八十円で、崩れた湯豆腐といった感じのゆし豆腐に、サラダやポーク、玉子に立派なアイスコーヒーも付いてなかなかお得でした。ちなみにテーブルは花札のゲーム機になっていて、店内にゲーム用の両替機まで設置している昭和のレトロなゲーム喫茶店でした。

まだまん延防止期間中で夜は飲食店が早く閉まるので、晩ごはんはスーパーマーケットにて、「ザ・うちなー弁当」というお弁当を買いました。ちなみに「うちなー」という言葉は琉球時代からあり、うちなーに漢字をあてたものが「沖縄」ということだそうです。

また飲み物も、もちろんまだ買っていないコレクションの缶ドリンクを買ったのですが「ミキ」の新作、「ウコン入り」が出ていました。「ミキ」もほぼ沖縄でしか飲まれていないドリンクで、元々は少女が口の中で米を噛んで発酵させるという「口噛み酒」から来ているというなかなかに濃い由来の飲み物ですが、これはお酒ではありません。「飲む極上ライス」というちょっとドロッとした不思議な飲み物です。これもまた、沖縄文化を知る為にも、一度は試していただきたいですね。

昨年も同時期に訪れた那覇ですが、今年は雨も多く、もちろん本土ほどではありませんが、若干肌寒い日もありました。早く自由業の醍醐味、真冬に暑いタイに行ってプールで「あっちいな〜っ!」と皆をジクジクジクジクとうらやましがらせたいと思う、今日この頃でした。

第31回　赤嶺

日本最南端の駅「赤嶺」駅の絶品ステーキをいただく

沖縄県

2022年2月24日

今回は町としては「地味町」ですが、人によってはここを目指して遠方からも来るという町。いや、正確には駅です。駅前の石碑に書かれています。そう、ここは日本最南端の駅なのです。沖縄唯一の鉄道であるゆいレールというモノレールの那覇空港《なはくうこう》駅の次の駅、「赤嶺《あかみね》」がまさに日本の一番南の端に位置する駅なのです。ここより南は、もう台湾です。

しかしその石碑以外には、観光としては特に見るべきものがない、のどかな沖縄の町といった感じでした。閉まった飲み屋さんの前で、黒猫がのんびりと昼寝をしています。

今まで沖縄には結構来ています。回数は十数回程度でしょうが、一回の滞在が短くても一週間はいるので、累計すると人生で何か月かは沖縄に滞在している計算になります。

以前も書きましたが、最初に訪れたのはCM撮影でした。それを皮切りにライブも多かったです。「たま」時代のある時は、ツアーで九州まで来ていて、そこから沖縄に渡る予定でしたが、台風のために中止になってしまいました。ところが、那覇が長いツアーの最後の会場で、その後オフをもらっていたので、メンバーは皆、そこでちょいと沖縄バカンスでも一緒に楽しもうと、家族などを呼んでいました。

さらに運の悪いことに、東京から沖縄に向かう飛行機は僕らより少し前に定刻通りに運行されて家族たちは到着したけれど、僕らが行くはずの福岡からの便が欠航になりました。しかも台風がひどく、三日間飛行機は飛びませんでした。なのでそれぞれの家族たちだけがポツンと沖縄に着いてしまったものの、ものすごい台風で、ホテルからほぼ一歩も外に出られないという状況だったそうです。

また、そのライブが流れてしまったために、半年後くらいに振替で那覇でライブを行いました。当時「たま」のレパートリー曲の中で何曲か、僕が歌の途中に即興でセリフを言う、というものがあったのですが、セリフは基本毎回変えていて、特に地方に行った時は、その地方の名産だったり方言だったりを織り込んでお話を作って語っていました。

今のようにネットがなかった時代なので、コンサートのスタッフやホテルのフロントのお姉さんなどに事前に「地元の人しか知らない言葉とか、お店とかを教えてください」と聞き込み「これを出せば地元の人ならバカウケですよ」と言われた言葉をセリフに入れて、意気揚々と喋りました。ところが、お客さんたちが皆ポカンとしているのです。「あれれれっ!?」と思ったら、ライブ終了後に原因がわかりました。座席の前の方は皆、東京などから来ていた、いわゆる「追っかけ」の人たちだったのです。なので沖縄のことはほとんどわからず「?」となってしまったそうです。「後ろの席にいた地元のお客さんは笑ってたよ」と言われましたが、その声は遠くて聞こえなかったので、ライブ中は「何か言ってはいけない禁忌的なことを言ってしまったのではなかろうか!?」とビビったものでした。

ソロライブも行いました。最初に開催したのは、僕のホームページにあるチャットに偶然入ってきた人で、話の流れで「今度那覇にバーをオープンさせるんですが、そこで記念イベントをやってもらえませんか?」と言われ、気軽にOKしたのですが、直接会ったこともない人と画策した企画は「一週間ぶっ通しライブ」。月曜から土曜までは僕のガラクタパーカッションと地元ミュージシャンとのセッションでした。相手のミュージシャンは日替わりで、ロック、民族音楽、ジャズ、ムード歌謡、フォークとジャンルもバラバラ。リハーサル一切なしのぶっつけ本番なので、ライブが始まるまで相手がどんな音を出してくるかもわからない、スリリングな日々でした。そして最後の日曜は楽器をギターに持ち替えて、弾き語りをした七日間でした。狭いバーは盛況で、ベリーダンサーであるママさんが度々演奏中に即興で踊ってくれたりして、大いに盛り上がって泡盛で乾杯しました。

また、ライブ以外でも僕の空き缶コレクションのテレビ取材でも何度か来ました。NHKの番組は四日ほどロケをして「公園でたまたま話しかけた米軍のアメリカ人のお宅にお邪魔し、基地内のスーパーマーケットでしか売ってない缶ジュースをもらって飲む」などもやりましたが、これはちょっと仕込みのあるプチやらせでしたね（笑）。

民放の番組の時はロケ後、スタジオ収録で石坂浩二さんと対談しました。すると最初に会った途端「あっ、本物のランニングさんだ！」と言われました。すかさず「イエイエイエ、そちらこそ僕が子供の頃の二枚目俳優の代名詞、本物の石坂浩二さんじゃないですか！」と返しました。ちなみに僕の名前「石川浩司」はよく「石川浩二」と誤植されます。これは絶対石坂浩二さんに影響されていると思います。

その他にも、八重山民謡界の大御所であり、県の無形文化財にもなっている大工哲弘さんとご縁があってレコーディングに参加させていただいたり、日本武道館や各地で行われた「沖縄フェスティバル」で一緒にセッションさせていただいたりと、何かと沖縄は「よく来る土地」になったのでした。

さて、思い出話が長くなってしまいました。赤嶺の町を歩いてみましょう。まずは腹ごしらえです。いわゆる沖縄料理も好きですが、ステーキも有名ですね。千円のステーキ屋さんがあったので「味は期待できないけど、記念に食べていこうか」と思ったら、ここが実に美味い！　溶けたバターに胡椒をふりかけたら絶品でした。今までも沖縄では有名なステーキのお店などに行ったことはあるのですが、ここが一番美味しかったです。赤嶺駅近くの「池谷牛肉店」というお店です。ステマではないので、気になった人は行ってみてください。

ちなみに去年このコラムの途中で行った某ステーキ店では顔バレして「あんた、『たま』の人じゃないかね～！」と店員さんに他のお客さんに聞こえる大声で言われ、恥ずかしくて大急ぎでゴゴゴとステーキを飲んで出ました。

「駄がし屋」という名前の駄菓子屋さんがありました。単刀直入、いいですね～。

「おそば」という沖縄そば屋さんもありました。沖縄の人は店名を考えるのがてーげーめんどくさかったのでしょうか。

「沖縄家系らーめん」のお店がありました。横浜家系らーめんは知っていましたが、沖縄家系らーめんは知りませんでした。各地に「家系」ってあるものなんでしょうか？　石川県にもあったら石川家系になって、まるで我が家の家庭料理のようになってしまいますね。

沖縄のファストフード店、「Jef」。ゴーヤーバーガーはなんとなくわかりますが、ぬーやるバーガーはまったくどんな物か想像ができません。なんかヌルヌルしてそうな気はしますが。まあ昨今はネットで調べればすぐにどんなものか分かるのですが、あえて僕は調べません。興味のある方はご自身で調べてみてください。

「フルーツ用です。炒めても甘味があって美味です」とレタスが売られていました。沖縄ではレタスはフルーツ用なのですね。

公園にあった巨大なすべり台は、下がトイレでした。子供がすべってる途中でおチンチンがこすれておしっこしたくなっても、すぐにいけるので実用的ですね。

「耐震工法のお墓造り」と書かれた看板がありました。お墓に耐震工法が用いられるのは沖縄以外では聞いたことがありませんね。お墓といっても沖縄のお墓は「石造りの小さな家」のような独特の造りですから、地震にも強い設計が望まれるのでしょうね。

「宅地・軍用地　売ります買います」という看板がありました。宅地だけではなくて、軍用地も売買するのですね。さすが沖縄です。

そしてこの散歩をしていたちょうどその日、ロシアがウクライナに侵攻する戦争のニュースが流れてきました。目の前を「平和」とペイントされたタクシーが走っていきました。このコラムがアップされる頃は、このタクシーのように平和になっていることを、強く強く願います。

第 32 回

ヤギや馬が現れる
都心なのに動物が多い
「面影橋」

東京都

2022 年 4 月 17 日

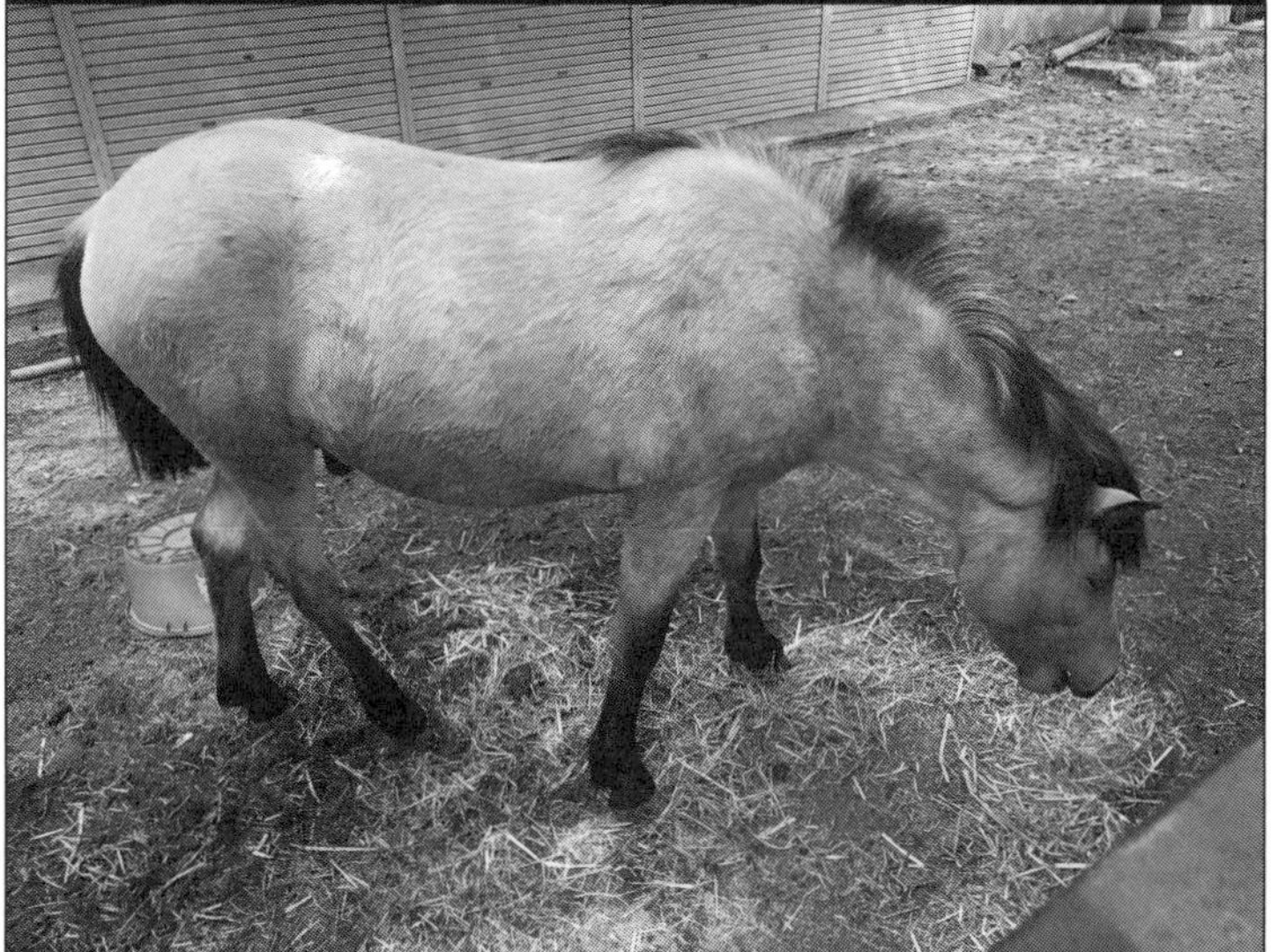

今回は、近くでライブがあったので、名前に情緒が感じられる面影橋《おもかげばし》駅に赴くことにしました。もっとも江戸時代は風光明媚な名所だったようですが、今は単なる住宅街の中のコンクリートの橋で、風情もへったくれもありませんでした。昔「NSP」というフォークグループの「面影橋」という曲はプチヒットしましたけれどね。

さて、この駅は都電荒川線の駅。都内で唯一残るチンチン電車としても有名です。実はこのチンチン電車は格安で貸切にすることが出来るのです。僕も二度ほど知人が主催して借り切ってチンチン電車ライブを敢行したことがあります。チンチン電車は路上を走っているので、信号機が赤になると車と同様に停車しますから、走っている時は電車の走行音であまり聞こえませんが、止まると突如交差点内に僕のでかい歌声がこだまし、通行人たちがギョッとしたような目で見るのも、ある種のドッキリのようでニヒヒと楽しくなりましたね。もっとも、チンチン電車は予想以上に揺れます。なのでギターを抱えて立って歌う時などは、誰かに体を押さえてもらっていないと、そのまま電車内を「ウオォォォーッ」ともんどり打って強制でんぐり返しする羽目になるのでご注意を。

また貸切の場合はお客さんも、そしてミュージシャンも絶対に遅刻はできません。なにせ「何時何分発」で借り切っているので、何があろうとその時間に発車してしまいますからね。一度、東京ではなく大阪のチンチン電車でも「ホルモン鉄道」というオッサンふたりのユニットで貸切ライブをしたのですが、相方が富山から車で来た為、途中道に迷って発車一分前に楽器を投げ入れて電車に飛び乗ってくるという、スリリングなこともありました。

このように、思い出のあるチンチン電車の行き交う町を、今日はゆっくり散歩してみましょう。基本的にはこのあたりは住宅街なのですが、なにかないかいなとウロウロしていると、きれいな庭園が現れました。まずはちょっとスッキリしてからまわろうと思い、トイレの看板の矢印に沿って行きました。危なかったのは、冬場は午後五時以降はトイレが使えないことです。この時はお昼時だったので大丈夫でしたが、夜にトイレの矢印に沿って駆け込んだら、間際にとんでもない失態を演じる可能性があることだけは熟知しておいてください。

ここはどうやら神社の併設庭園らしいのですが「ここら辺にポケストップないかな〜」などとゲーム機を持って気さくにうろついている人は注意してください。こんな貼り紙がありました。「任天堂ポケモンGoを初めとした遊びは神社の信仰歴史と異なるものであり不敬、不信心、不正理ですからおやめ下さい　水稲荷神社」。神主さんに思いっきり「この不敬者!」と怒られることがあるかもしれませんので。

突如、ヤギが現れて、ギョッとしました。「山羊用心」という貼り紙もあります。

馬も現れました。こんな都会のど真ん中に。ここらあたりは動物多発地帯なのでしょうか。

しかし、逆に街中には「犬の散歩をしないでください」の看板も。犬は散歩させてはいけないようです。なかなか変わった町ですね。

少し大きな通りがあって、商店も出てきました。ここは早稲田大学が近いです。昔、ソロで学園祭に呼ばれて、学内の別のホールでホフディランがライブをやっており、乱入して飛び入り出演したこともあったことを思い出しました。

「リアルクロコ（実用）」というお店がありました。リアルクロコとはなんじゃらほい、と思ったら横に「爬虫類カバン」と書いてありました。クロコとは黒子のことではなくて、クロコダイルなのでしょうね。

このあたりは古本屋街でもあります。あいにく日曜日だったので、学生街のこの町では、ほとんどのお店は定休日でしたが、未だに西城秀樹さんの写真集を売っているお店もありました。僕の中学生時代のヒーローです。

本人が直接描いたものかは定かではないですが、僕らの時代のちょっとほのぼの系の漫画家の大御所、永島慎二先生の絵が古本屋さんのシャッターに描いてありました。ちなみに永島慎二先生はまだ「たま」がアマチュア時代にライブを観に来られたことがあり、ビックリしました。もう四十年近く前の話ですが。

『コロナは概念』という本の看板や、「コロナ終息祈願」と書かれたのぼりが商店街にありました。コロナについても、いろんな見解があることも知れた、今回の散歩でした。

第33回　草薙

お笑い芸人との共演を思い出しつつ「草薙」を歩く

静岡県

2022年5月5日

この散歩の前日は、静岡市内の中心の広場で、「パスカルズ」の無料野外コンサートでした。野外ライブ自体も気持ちいいですが、さらに道路に面した広場での無料コンサートというのも嬉しかったです。というのは、普段ホールやライブハウスで演奏する場合は、元々そのミュージシャンが好きな人がお金を払って観に来ているわけですから、反応が良くて当たり前です。しかし誰でも通れる広場ですと、興味がなければ素通りされてしまうもの。そういう人たちの足が止まって、徐々に熱狂していき、拍手が大きくなると、これに勝る快感はありません。この日も大いに盛り上がって気分が良かったです。

ちなみにこのイベントの主催者は静岡出身の漫画家のしりあがり寿さんでした。しりあがりさんが毎年正月に開催している小さなフェスにも昔から出演しているご縁で今回のコンサートも開かれました。

そしてせっかく地方に来たのだから、この「地味町ひとり散歩」をしない手はありません。しりあがりさんらと夜中遅くまで打ち上げをした翌日、少々二日酔い気味でしたが、僕の楽器であるパーカッションを家に宅配便で送ってリュックを背負って歩き始めました。

ちなみに楽器を宅配で送るのには通常「楽器類は破損しても弁償できません」等の誓約書にサインを書かされたりと面倒なことが多いのですが、僕のパーカッションは鍋とか桶なので、品名に楽器とは書かず「日用品」と書いて送るのでスムーズに送れます。まあ、こんな楽器を使っている人は僕以外では今まで見かけたことはありませんが。

さて、静岡の近くで地味町はどこかいなと探しました。これが案外難しいのです。実は田舎過ぎてもおもしろいものが何も見つからず、散歩はしたものの執筆には至らなかったトホホの失敗も何回かあるからです。なので事前に地図と睨めっこして「ほどほどの町」を探すのです。でも「ここだ！」とピンと来ない場合は駅名が何かコラムのネタになるようなところを見つけます。

実は僕はお笑いが大好き。テレビはほぼお笑い番組しか観ません。といっても夜のゴールデンタイムなどはライブなどで外出していることも多いので、リアルタイムではなく録画して後で妻と一緒に観るのですが。そして最近若手で気に入ってるのが宮下草薙の草薙《くさなぎ》さん。あの独特の「弱者の被害妄想、狂気」みたいな感じはなかなか新しいと思って好んで観ています。その名前と同じ駅名なので、ここに降り立ってみることにしました。

そういえばデビュー以来僕は、高名なミュージシャンなどより、お笑い芸人さんとテレビなどで共演する機会が遥かに多いのです。別にタレントになりたいとかそういう気持ちはまったくないので、積極的にこちらからオファーをかけることはないのですが、時々バラエティ番組などからオファーがあるのです。おそらく山下清的な感じを求められているのでしょうが、まあ僕にそういう部分がゼロとは言いませんが、案外「そうじゃない姑息で狡猾なところもあるんだよな……」ということもあり、正直タレント性はほとんど無いと自覚しています。

では何故オファーを受けることがあるのかというと、多少の音楽活動の宣伝と、そしてぶっちゃけライブよりもギャラがいいことが多いので、グータラな僕は「二時間ほどそこに行ってちょっとお喋りすればライブ二、三回分のお金がもらえるのか～」で出ることも多いのです。もっとも最初から明らかに趣旨が合わない場合はお断りすることもありますが。

例えば「人生をしくじった話をしてください」というオファーがありましたが、これはおそらく僕らに大ヒット曲が一曲しかなく、それが続かなかったのを「しくじり」と捉えて、そのしくじりで悩んだ話などを期待していると思われます。しかし、元々商業的ではない、独自のアンダーグラウンドミュージックをやっていると自負していた自分たちが、ひょんなことから一曲だけヒット曲を産んでしまったことは喜びでもあり、また今の活動にも続いているわけですから有難いことではあるのです。それを継続してヒット曲を出したいなどの気持ちはなく、ただ自分たちの音楽をやりたいだけだったのです。なので僕らにとってそれは何のしくじりでもなく、むしろ宝くじに当たってラッキーぐらいな気持ちでしたので、申し訳ないけどオファーをお断りしたこともありました。

僕の呼び名で知られる『『たま』のランニング』はダウンタウンの松ちゃんに命名されました。そのダウンタウンの「ガキの使いやあらへんで！」という番組には何度か出演しました。またビートたけしさんの「たけしの誰でもピカソ」という番組には、アート審査員として何回か出演させてもらいました。

他にも、それぞれ別番組で有吉弘行さん、さまぁ～ずさん、バイきんぐさんらとは「さよなら人類」を一緒に歌ったりもしました。とんねるずさんとはタモリさん司会の音楽番組「ミュージックステーション」で共演したり、他の番組では同い年なので体力対決もしたことがあります。

またテレビ以外でも前述したように猫ひろしさんやデッカチャンさんなどとはライブでセッションをさせていただいたりと、一緒に楽しませてもらったりもしました。どれも面白い体験でした。

さて、散歩を開始しましょう。「和らぎ治療院　ここです」と看板がありました。治療院の名前よりも「ここです」が大書してあります。よく整体などの治療院はマンションの一室などで行われることもあって、場所がわかりづらいこともありますが、ここは大変わかりやすいですね。

「花屋」という屋号の靴屋さんがありました。ブーツは売っていても、ブーケは売っていません。

「草大福」「苺大福」など定番の和菓子の名前が並ぶ店頭にある「タイガーポテト」の名前がちょっと気になりました。残念ながらこの日は閉まっていたので正体はわかりませんでした。おそらく虎の肉は入っていません。ウルトラマンが虎を売る男ではないように。

さて、僕の散歩の楽しみの大きなひとつは、しつこいようですが地元のスーパーマーケット巡りです。扉の写真が今回の散歩で見つけた缶ドリンクです。「前立腺の友」なんていうスゴいネーミングのものも見つけました。ちなみにこれはお酒です。また東海限定のコーヒーは「茶所」の回で買っていますが、デザインが微妙に変わったので即購入しました。

前述しましたが、僕が最初に個人名義で出したコレクション本は缶ドリンクではなく、インスタントラーメンの本なので、その地方のインスタントラーメンを見つけるのも喜びです。

また購入はしませんでしたが、さすがシラスが名産だけあって、様々なシラスが並んだ売り場は静岡らしくて圧巻でした。

買い物も満足したところで、温泉があったのでひとっ風呂浴びて帰ることにしました。ライブと散歩の疲れも取れ、ポカポカとあたたまって、今回の散歩は終わりたいと思います。

第34回

「石岡」はレトロな建築の宝庫だった

茨城県

2022年5月9日

この散歩の前日は母の日でした。高齢の母のために、お花の形のお菓子を持って茨城の両親の家に半年ぶりくらいに顔を見せに行きました。もっとも母は話をするのが何よりも好きなので、ほぼ話の聞き役として行ったという感じでしたが。

若い頃は、数年に一度くらいしか帰省しなかった親不幸者の僕ですが、九十歳前後で、書籍の処理などの終活を始めた両親と今後何度会えるかと思うと、やはりなるべく会っておかねばと思うのです。

その翌日、そこからほど近い石岡《いしおか》という町を訪れてみました。駅を出ると、まず「みんなのタロー」と書かれた銅像が目を引きました。一匹の犬を子供ふたりが囲んでいます。「みんなのタロー」、これは渋谷のハチ公みたいなものでしょうか?

町に出ると『石岡タロー』という映画のポスターもありました。

説明板も見つけました。どうやらハチ公とほぼ同じ人生、いや犬生を送った地元の名犬のようですね。名犬といえばラッシーというのもいましたが、名ダチョウや名ミミズというのは聞いたことがありませんね。

そして驚いたのが、この町はレトロな建築の宝庫だったことです。僕が子供の頃の「昭和」がまだ現役で息づいていました。

ある店舗にはこんな貼り紙がありました。「皆様方に支えて頂き、百年間当店を続ける事が出来ました。(中略)令和三年十二月を持ちまして、閉店させて頂きます」。百年続いた店も、もしかしてコロナ禍で最期を迎えてしまったのでしょうか。残念ですね。

廃工場の中に建てられたような旅館もありました。錆び具合いが絶妙です。ちょっと泊まってみたくなりました。

「唱歌村塾」という学習塾がありました。この塾は勉強よりも、カラオケを教えてくれそうです。

僕は高校を出た後の一年間だけ、茨城県に住んだことがあります。今はつくば市に編入された当時の谷田《やた》部《べ》町というところでした。身分は浪人生でしたが、近くの筑波大学に高校の同級生がいた為、彼にくっ付いてコッソリ大学で授業を聞いたり、学食で飯を食ったり、学生寮の広い風呂に浸かりに行ったりとテンプラ学生を満喫させてもらいました。

またこの頃、その筑波大に足繁く通っていた関係で、女友達がたくさんできました。女性ばかりの中に男は僕ひとりという状況も多く、これはおそらく、僕があまり男を感じさせなくて、さらにくだらないお喋り好きの「おばさん体質」だったからだと思うのですが、そんな女友達たちとよく一緒に喫茶店などで延々ダべったりもしていて、人生で一番多くの女の人に囲まれていた時代だったのかもしれません。モテとはまったく縁がありませんでしたが、これはこれで僕の貴重な青春の一年間でした。

さて、石岡の町に戻りましょう。先ほどのレトロな建築のさらに奥には廃墟も目立ちました。僕は廃墟が大好きなのです。YouTubeなどでも、時々廃集落とか廃線跡の映像を食い入って観てしまうほどです。なんとも荒涼とした感じは、侘び寂びの最たるものだと思っています。僕がもっとも影響を受けた、つげ義春さんの作品にも通じます。

古い街並みを観光地にしているところがよくありますが、たいてい綺麗に整備され過ぎていて、生活感がまったく感じられないのでなんだか僕は逆に白々しい気分になってしまい、いまひとつ気分が盛り上がらないのです。生活感がありながら自然に朽ちていくものに、物の哀れをとても感じて感慨に耽るのです。

さて、お腹も空いてきたのでお昼にしましょう。駅前に「ヨット食堂」というなんだかナイスなネーミングの食堂がありました。海に面した町ではないのですが、ヨットマニアが集まる食堂でしょうか。メニューにある酢豚定食（鶏肉）は正確には酢鶏定食じゃないでしょうか。埼玉県の東松山《ひがしまつやま》あたりでも「焼き鳥」と書いてあっても豚肉の「やきとん」のこともあるらしいので、そのあたりはファジーな土地柄なのかもしれませんね。結局オススメのレバニラ炒め定食を頂きました。オーダーしたらあっという間に出てきました。レバーがとても大きかったです。

よく見ると、店内のメニューには提供までの時間が書いてありました。急ぎのお客さんがよほど多かったのでしょうか。醤油ラーメンも付いている煮込みライスセットはなんと四分で出てくるようですね。ところが醤油ラーメンと半チャーハンのセットは十五分かかるようです。ということは、醤油ラーメンは四分ですから、半チャーハンには最低でも十一分かかるということでしょうか。

創業六十九年とのことなので、僕よりもお兄さんですね。結局ヨットの意味はわかりませんでしたが、石岡に行った際は、是非お立ち寄りください。

さて、帰る前に自動販売機を覗くと、ありましたありました。最近は少し全国区になりましたが、以前は茨城県と千葉県でしか流通していなかった、マックスコーヒーです。何がマックスか、ですって？ そう、練乳入りなので、おそらく「日本一甘い缶コーヒー」がこのマックスコーヒーです。甘さマックスのコーヒーをご所望の方は、是非こちらを手に取ってください。

なんだかとても懐かしさを感じた、石岡の町でした。

第35回

愛を求めて「藤野」の山道を登る

神奈川県

2022年6月16日

中央線に乗って旅に出ることは多いです。松本、諏訪湖、山梨の温泉など観光地も多いですからね。その時、毎回車窓をボーッと見ていると「⁉」という物に出会います。それが神奈川県の藤野《ふじの》駅近くの山の中に忽然とある巨大なラブレターです。東京から下りの場合は左手にハッキリ見えるのでご存じの方もいるのではないでしょうか。

扉の写真にそのラブレターが写っているので、目を凝らしてよく見てください。明らかにラブレターだとわかりますね。一体、誰が誰にあてて送ったものなのでしょう。今回はそんな「愛」を探す散歩にしてみました。

話は変わりますが、僕は人生で一度も会社に勤めたことがありません。二十代の頃、バイトをしながら音楽活動をしていたらデビューが決まり、そのまま生きてきたので、世間の人が「あれは嬉しい！」という「ボーナス」という物も一度もいただいたことがありません。素晴らしくおいしいものなんでしょうね。

会社に勤めたことはありませんが、会社を作ったことはあります。「たま」でデビューしてから数年後、自分たちの有限会社を設立しました。ある時、新しい事務員を雇うことになりました。その事務員Mちゃんが、今回の下車駅である藤野の出身だったのです。

高卒でまだ十代で入社してきた彼女は中学生の時（というから数年前まで）実家に水道が無かったそうです。もうその頃、時代はとっくに平成になっていましたが「水道のない家」というのは初めて聞きました。江戸時代ならともかく、どんな安アパートでも電気と水道だけはあるものと思っていたのですが、彼女の家はどうやら山の中の登山道の途中にあったらしく、水は毎日数百メートル離れた井戸までせっせと汲みに行っていたそうです。「こんな山の中に住んでる人いるのかな?」「幽霊屋敷じゃねえ?」と家に小石を投げられることも度々だったそうです。

まあ、今は立派にお母さんになって地方に住んでいますが、会社を辞めた後も、うちの夫婦と一緒に麻雀などして遊ぶ、友達でもあるのです。

そんなMちゃんの故郷、藤野はやはり駅前からすぐに平らな土地がほぼ無い町でした。

しばらく歩くと、歩道がほぼ人が歩けないぐらい狭い状態になっていました。何故なら車は通るのですが、歩いている人はほぼいないからです。これは地方あるあるでもありますね。地方に行くほど車社会で「歩き」という選択肢が無い傾向にあるようです。

やがて橋に差し掛かると、白線の内側の歩行者が歩ける範囲は十センチくらいになりました。これは余程小さな子供か、細～い宇宙人しか歩けませんね。

そのうちだんだんキツい上り坂になってきました。やっと向こうから歩いて来る人がいたのでホッとすると「こんにちは!」と挨拶されました。とっさだったので「こっ、こんにちは」とちょっと挙動不審になってしまいました。そう、町外れのここはもうどこかの山のハイキングコースにでもなってるのでしょう。

この数日前に、ここからほど近い高尾山に数人の女友達と登ったのですが、そこでも山道をすれ違う時は挨拶をします。ここはもはやそれに近いということなのでしょうね。もはや町ではなく、山歩きのルールですね。

でもとにかく愛を求めて、ラブレターのある方に向かって歩きます。

と、数十メートル後ろから四十歳前後と思われるオッサンが歩いてきました。他に人はまったくいないけれど、同じ方向に進んでいるので挨拶もままならず、でもなんだか所在ないような、変な空気になりました。何故なら僕は時々立ち止まって、「ヘビ・ハチ注意」と書かれた看板や「ありがとうございます」と書かれた横断幕にカメラを向けて歩いているのですから。

オッサンふたりが、黙々と一定の距離を置いて歩いて行きます。そしてその道をそこそこ歩いたところで、ふと後ろを見ると、そのオッサンがどこにもいません。ここは一本道で、途中に人家なども無く、脇道もありません。一体あの人はどこに行ってしまったのでしょう。もしかしたら愛を見つけてしまったのでしょうか。

案内板を見ますが、ラブレターの表記はありません。よく見ると右下に「藤野町」と書いてありますが、それは昔の地名で、今は相模原市《さがみはら》に編入されています。その頃はまだ愛が無かったのでしょうか。

山の上の方を見上げると、ラブレターの端っこが見えていました。方向は合ってると言うことです。でも、なんの看板や矢印もありません。がんばってそちらの方へと脇道を入っていきます。

すると、どうやらこの先にラブレターがあるぞ、と思うところまで来ました。車の轍はありますが、泥だらけで、前日に雨も降ったのかドロドロで、もはや何か物に掴まらないと、到底徒歩では先に進めない感じです。まあ、全身泥まみれになって泥田坊になる覚悟まであれば登れなくはないかもしれませんが、そこまでの気力はさすがに無く、残念、挫折しました。やはり、愛は簡単には手に入らないものなのですね。

帰り、駅に付属した売店では、地元の工芸作家たちの作品も売っていました。その中には、なんと前述のMちゃんのお父さんの作品も売っていました。ちなみにこのお父さんの作品は、我が家がやっている西荻窪のアートギャラリー「ニヒル牛」でも数年前まで作品を売っていたことがあるので、すぐ分かったのです。

店の前のガチャガチャも「割れた陶器」「樹木のキーホルダー」「縄文土器の偽物」「罠」と、なんかこの町っぽかったです。

結局、「炭」の文字が男らしくてなんかかっこいいTシャツを買って、今年の夏の僕のファッションアイテムとすることにしました。

ちなみに、僕は日常生活ではこのようなラフなTシャツが好きで、ランニングシャツはステージ衣装としてしか着ていませんので、お間違えなきよう！

第36回　芦花公園

十代の時に住んでた家に
そっくりな家があった
「芦花公園」を歩く

東京都

2022年7月21日

還暦を超えて、突然今までになかった職業の肩書きを新たにひとつ持ちました。それが「漫画原作者」です。そうなろうと思ってなったわけではなくて、僕が十八年も前に出した本を原作とした漫画の単行本『「たま」という船に乗っていた』が、ちょうどこの散歩の日に発売されたのでした。

この原作は元々「たま」という、売れることをたいして目指してもいない、自分たちの好きな音楽をただ淡々と続けてきただけのバンドが、突如スポットライトを当てられ、一躍時代の寵児として祭り上げられたという自身の体験が稀有だと思ったので、それをノンフィクションで書いたものです。時代を経てそれを漫画化したいという漫画家さんが現れ、遂に単行本発売までかこつけたのでした。なので、自分が主人公でもあるドキュメント漫画で、自分がギャグテイストのキャラクターとなって描かれるという、ちょっと不思議な気分ではありました。

そんな記念すべき日ですが、実際の作業は当然その前に終わっているので、意外にも時間がありました。なのでこの日は少しのんびりと公園にでも行ってみようかと、京王線の各駅停車しか停まらない芦花公園《ろかこうえん》という駅に降り立ってみました。

芦花公園は正確には盧花恒春園と言い、駅からはそこそこ歩きましたが、かなり広い公園でドッグランなどをするスペースもあって、ワンちゃんがここぞとばかりに走りまわっていました。明治大正期の文豪、徳冨蘆花の旧宅などを中心とした公園なのですが、正直、徳冨蘆花という名前は知っていても、作品は読んだことが無かったので、木々の多い敷地を特に感慨もなくかっぽかっぽ歩きました。

扉の写真は徳冨蘆花の関係者の旧宅なのですが、僕が中高生時代に住んでいた家にそっくりだったので驚きました。僕が住んでいたのは今から四十年以上前ですが、その頃に既に築百年は経っていると言われたので、今から百四十年以上前の家でした。

そこは父親の仕事の関係の公務員官舎だったのですが、毎晩のように金縛りにあいました。寝ようとして布団の中でウトウトしていると、突然キーンという金属音がしたと思ったら、体が硬直してまったく動かなくなるのです。目はちゃんと開いていてまわりの室内は見えているのに、地獄の底からのような物音とともにそれはやってくるのです。科学的には金縛りは「体は眠っているのに脳が起きている状態」と言われていて、確かにそう思えるところもあるのですが、それだけではない、霊的な感じも強く強く感じるのです。

あまりにも毎晩あうので、ある時、イヤホンでラジオを聴きながら寝ることにしました。するとなんと、聴こえてくる音楽のリズムに合わせて「浩司、浩司、浩司」と僕の名前を大勢のうめき声で連呼され、同時に体が一切動かなくなるという恐怖体験もしました。

まあ築百年も経っていて、官舎なのでいろんな人が住んでいたので、その家の中で亡くなった人もいたのでしょうが、これは本当に怖かったです。その家から引っ越したら、金縛りにはほぼあわなくなりました。

ちなみに僕が家族と住んでいたその家は引っ越し後すぐに取り壊されましたが、同じ敷地に建っていた同時期に建てられた別の建物は、重要文化財として移築されて現在も町の公園に保存されています。そんな重要文化財になるほどの家に住んでいたのです。僕が「さよなら人類」という曲で「着いたー！」と叫ぶところがありますが、そんな曲が生まれるはるか前に僕は「憑いたー！」と叫んでいたのです。

小さな古いアーケードがありました。半分はシャッター商店街でしたが、レトロな感じでなんだかいい雰囲気でした。昼間から、楽器を持ったミュージシャンと思われる若者も、一杯ひっかけてるようでした。

歩いているうちに、いつの間にか隣駅の千歳烏山《ちとせからすやま》の駅前に来てしまいました。東京の、特に私鉄は隣駅も近いですからね。安倍元総理暗殺で旧統一教会のことが連日報道されていましたが、この町にはまだオウム真理教関連の人々が来ているらしく、「烏山をオウム真理教の拠点にはさせない」と書かれた垂れ幕もありました。

僕は十八歳の時に友達が統一教会に連れ去られました。十九歳で住んだ高円寺には、駅前でよくオウム真理教の人たちが象の帽子を被って踊っているのを目撃していました。その後にあんな事件を起こすなど想像もしていませんでしたが。なのでどちらも割と身近にあった存在なのです。もっとも政治と宗教の問題は、実に複雑なのでここで簡単に書くことはできませんが、若い時から僕の心の中でずっとモヤモヤしている事柄ではあります。

「うん間違いないっ！」という高級食パン屋がありました。正解しかないお店のようです。

またこの日は、コロナ禍がはじまって二年半、東京都の感染者数が遂に三万人を超えたという日でもありました。思えばこの「地味町ひとり散歩」をはじめてからずっとコロナのことに触れてる気がしますが、ここに来て終わるどころか感染者数最高を記録するなど、今後世界は本当にどうなってしまうのでしょうか。

さて、お昼にしましょう。ちょっとレトロな「珈琲亭」という喫茶店に入り、好物のハヤシライスとアイスコーヒーのセットを頼みました。すると、アイスコーヒーがなんだか傾いているように見えます。「僕は疲れているのだろうか?」そう思ってよくよくグラスを見たら、本当に傾いていました! 斜めに傾いた形のグラスでした。

芦花公園と同じ世田谷区の「下北沢カオスビール」の缶を手に入れたので、本日は帰宅することとします。

第37回　武蔵境

「ご自由にお持ちください」がやけに多い町「武蔵境」

東京都

2022年7月30日

地方から東京に出てきた人がまず困るのが、電車の路線の煩雑さだという話はよく聞きます。その中でも一番難解と言われるのが中央線と総武線です。何故ならこのふたつの路線は御茶ノ水《おちゃのみず》駅から三鷹《みたか》駅まで、途中新宿や中野や吉祥寺を通って、まったく同じ路線を走るからです。違いは総武線が各駅停車なのに対して中央線は快速、もしくは特別快速で飛ばす駅があるということだけです。そしてさらに難しいのは、平日と休日で飛ばす駅が変わること。これはなかなか難易度が高いですよね。曜日まで把握していないと、降りる駅が「あああ〜っ！」と言っている間にみるみる後ろに去って行ってしまうのですから。

本日の武蔵境《むさしさかい》駅はその三鷹の次の駅。なので総武線では来られません。中央線の特別快速も駄目です。中央線の快速のみが停車する駅なので、よくよくご注意ください。

駅の構内の大学の案内板を見てハッと思いました。日本獣医生命科学大学は、昔は日本獣医畜産大学といって、僕の弟が卒業した大学だったのです。そういえば、この武蔵境に当時住んでいたという話も聞いたことがありました。僕は二十代は高円寺に住んでいたので、同じ中央線沿いですけど、ほとんど会った記憶がありません。その頃僕はライブハウスで出会った友達と遊ぶのに夢中で、弟（僕は長男。彼は次男でその下に三男もいる）のことはあまり眼中にありませんでした。特に兄弟仲が悪いというわけではないのですが、真面目に大学に通い、その後普通にサラリーマンとして就職していった弟と、アマチュアのミュージシャンでバイトをしながらグータラしていた僕とでは、あまりに環境が違っていたので「まぁ、いろんな生き方があるよな〜」と思っていたのでした。

その後さらに時間が経ち、弟も結婚し子供も生まれて家庭が出来ると、親も高齢になってきたので、さすがに最近はネットなどで連絡も取り合います。毎年恒例で正月だけは実家に家族大集合していたのですが、弟が病院関係の仕事をしている為に、コロナ禍になってからは彼の職場から「帰省しないように」というお達しが出ているとのことで、ここ数年は会っていません。まぁ、弟自体はさほど変わってないとは思いますが、帰省するとしょっちゅう僕にオモチャの剣などで戦いを挑んできた小学生の時の印象しかない甥っ子姪っ子が、高校生になったと聞いて、驚いています。この歳になると、まわりの友人も同じ感じで老いてゆくのであまり気づきませんが、子供の成長で、年月が経ったことを知るということはよくある気がします。

さて、まずは腹ごしらえをしましょう。ちょっと昭和テイストの、僕好みの喫茶店があったので入ってみました。注文をして、さてこれからこの町をどんな風に回ろうかとパソコンで地図を開こうとした、その時です。マスターから「うちはパソコン禁止です！」と言われました。よく見るとテーブルの横に、パソコンにバツ印がしてある絵が。さらにスマホもバツ、会話もバツでした。時間制限もあって「九十分以内に退出してください」とも書かれていました。逆に喫煙だけはこのご時世なのにOKでした。ちなみに他にお客さんはひとりもいませんでしたが。

出てきたオムライスはおいしかったけれど、いろいろ禁止事項が多いなら、せめて入る前に店の外に書いておいて欲しかったです。今時は僕のパソコンはともかく、喫茶店に入ったらスマホでメールチェックぐらいは皆するだろうし「ちょっとお茶でもしていきましょうよ」とお喋り目的で入った人には、不親切かなと思いました。

さて、町歩きを始めましょう。この町は、「ご自由にお持ちください」がやけにが多い気がしました。なにせ僕もドラムやパーカッションなどまったくやろうとも思っていなかったのに、ゴミ捨て場から偶然拾った太鼓から人生が大きく変わったので、こういうところはついつい興味深く見てしまうのです。「おっ、ラジカセいいじゃな〜い！」と思ったらそれは売り物でした。危うく泥棒になってしまうところでした。「日本買取処分センター」という建物もあるくらいなので、この町は物を捨てる人が多いのかもしれませんね。

結婚した当時、夫婦で蔵書がすでに一万冊を超えていました。そしてそれから三十年後に長く住んでいた家を引っ越す時には、さらに蔵書は膨れ上がっていましたが、引っ越し先が住んでいた家より少し狭くなるので処分しなければならなくなりました。しかし「使える物を捨てる」というのが大嫌いな夫婦だったので困っていたところ、運良く「これから古本屋を開く」という知人がいたので、蔵書の大部分をその人に寄贈しました。

なので筒井康隆、星新一、小松左京等の本がやけに多い古本屋さんを見つけたら、それは僕が中高生時代に夢中になって読んでいた本なのかもしれません。表紙はどれもボロボロなので、百円均一コーナーとかにありそうです。

「フォークソング居酒屋」もありました。「音楽をやっている」と人に言うと、昔は「どんなジャンルの音楽ですか？」と聞かれ、答えに窮することも多かったです。例えば僕がやっていたバンド「たま」のジャンルはなんだと思いますか？　聴いたことがある人は「ああ、ああいう感じね」とちょっとは分かってもらえると思いますが、それまでは説明が大変でした。まずベース以外アコースティック楽器を使っていることから「フォーク？」と思われることもありましたが、逆に「首からぶら下げた太鼓を踊って叫びながら叩くフォークはねぇ！」とも言われました。「じゃあロック？」と言うと「アコースティック楽器ばかりで、ドラムセットも無いロックはねぇ！」とも言われました。即興演奏も多いですが、アドリブが多いジャズとも違います。ポップスというには、突然変な顔して歌ったり、言葉の問題で放送禁止の曲も多いので、それも違います。なので未だにジャンルは不明なのです。

ついでに言えば、現在僕がやっている「パスカルズ」も、カバー曲も演奏するのですが、それがローリング・ストーンズもあればバッハもあったり友部正人さんもあるという、これまたジャンル分けが難しいバンドです。結局僕は「ジャンル分け不可能な音楽」が好きなのかもしれませんね。

この話の流れに、ちょうどいいお店がありました。「さんたま」という焼肉屋です。四人編成だった「たま」から途中ひとりが脱退して、その後三人で活動を続けたことから、ファンの方達が四人時代と区別する為に、三人時代の僕らのことを「3たま」と呼んでいるようです。

バンドは二十年近く前に解散しましたが、「3たま」の三人は、数年に一度くらいの割合でそれぞれのソロをやった後「セッションしまーす」と言って「事実上の『たま』」をやることもあります。別に喧嘩して解散したわけじゃないですからね。もっとも「定期的にやろう！」とか決めているわけではなく、また自発的にやることもなく、昔からの親しい主催者が企画してくれた時だけ演奏するという形なので、今後もあるかどうかは、そういう主催者が出てきてくれるかどうかにかかっているのですが。

さて、この日も完全な夏日で、還暦もとうに過ぎた僕は、長く歩いているだけで体調を崩すおそれもあるので、休息も必須です。そんな時に一番便利なのは、やはりマクドナルドですね。普通の喫茶店でしたら最低でも五百円前後のドリンク代がかかってしまいますが、マクドナルドは一番安いドリンクなら、百円くらいでエアコンの効いた席に座れます。もちろんスマホ、パソコン、会話ＯＫ、時間制限も基本的にはありませんしね。コラムには書いてませんが、実際は結構重宝しています。

前回のコラムでもちょっと書きましたが、『「たま」という船に乗っていた』という僕自身が主人公のバンド自叙伝の漫画の原作をやったのですが、その本が、ちょうどこの取材日に放送していた「王様のブランチ」というテレビ番組の書籍ランキングで三位に入って紹介されました。この町にある二軒の本屋さんをコソコソ覗いてみましたが、僕の本は見つけられませんでした。果たして本当に本は売れているのでしょうか。退職金も無い、将来がちょっと不安なミュージシャンの僕は、老後の印税生活をちょっとだけ夢見て、本日の散歩は終わりたいと思います。

第38回　大物

大物を探して土砂降りにあった「大物」

兵庫県

2022年8月5日

大阪にやって来ました。一日目は僕が原作のコミック本発売記念のトークライブとソロライブ、そしてお客さんと撮影会、二日目は紅白連続出場の演歌歌手の丘みどりさんのバックコーラスのレコーディング、そして帰宅の日に、昼間どこか地味町散歩に適した町はないかいな、と探していたところ、この「大物」というなかなかに豪快な駅名が飛び込んできました。兵庫県ですけれど、大阪に隣接しているので交通費もさほどかからないので、さて、どんな大物がノッシノッシと闊歩しているのかと散歩をしてみることにしました。

ちなみに大物、と聞いてみなさんはどんな人を思い出すでしょうか。歴史上の人物が浮かぶ人もいるでしょうし、政治家などをあげる人もいるかもしれません。僕にとっての大物は、ズバリ忌野清志郎さんです。自分の思ったことを堂々と貫き、それを音楽という娯楽にまで昇華させた人。反体制や放送禁止を怖れずに表現する人でした。実際お会いしたこともありますが、結構シャイな人でした。ですが、本物の大物は実生活では謙虚なところも併せ持つ人だと思います。みなさん自分なりの尊敬する大物はいるでしょうから、それを腐す気持ちはありませんが、ただお金を持って威張ってるような人は「見せかけの大物」の場合が多いと思っています。

駅前にはその名も「大物公園」がありました。大物が歩いてないかな〜と探そうと思った矢先、さっきまで晴れていた空が一変、突如の豪雨が来襲。なので歩いていた人なども、みんな一斉に「サザエさん」のエンディングのように自宅に家の形が変わるほど慌ただしく帰ってしまったようで、僕はひとりポツネンと公園に取り残されてしまいました。

駅前には商店などはほとんどなく、住宅地なので雨宿りする場所もなく、全身完全な濡れ鼠になってしまいました。確かに最近は異常気象的なことも多く、この日も東北や北陸では雨で鉄橋が流されたり、線路が水で埋まって当分開通の見込み無し、などのニュースが飛び込んできた日でもありました。

しかし、これも天から「お前はこのくらいの雨にビビる小物か、うんっ?」と試されているような気もしました。僕は「大物じゃなくても、このくらいの雨はヘイチャラだいっ!」とせめて見栄を張る気になりました。

激しい雨で、道などは一部ドドドと洪水のようになっていました。町の中で傘をささずに立ち尽くしてるのは僕だけで、頭から雫を垂らしながら方々にカメラを向けている僕は、ある意味で明らかにおかしな人で「変質者 見かけたら110番」の標語に、ちょっとビクビクしました。

「公園内でネコ等を捨てないでください」との看板がありました。ネコ等をポイッと気軽に捨てるのは、大物の振る舞いではあるかもしれませんが、いけませんね。

さて、雨も上がって来たので、全身服を着たまんま海底からザンブと上がって来た海中人間のような感じですが、散歩を続けましょう。

雨が上がった後に道に落ちている傘をみつけました。骨が折れ曲がったボロ傘でしたが、さっきは心底欲しかったです。

「残念さんの墓」という奇妙な史跡もありました。何が残念だったかの詳しくは、残念ですが割愛します。

興味のある方は是非足を運んでみてください。

しばらく歩くと、突如アーケードがありました。「ああ、もうちょっと早くここに辿り着けば雨をしのげたのに」と思いましたが、このアーケード、なんか変です。入ってみると、なんと商店が一軒もありません。つまり商店街ではなくて、住宅の中を雨に濡れずに行き来できる「お隣さんの家に雨が降っても傘もささずに行き来オーライ・遠くの親戚より近くの他人アーケード」でした。これは相当珍しいんじゃないでしょうか。扉の写真がそうです。

そういえば、昔は商店街と言えばアーケードが主流でしたが、最近はチェーン店ばかりが入ってる郊外の巨大なショッピングモールに押されて、新しいアーケードはあまり見かけなくなりましたね。個人商店が並んでいるけど雨には濡れずに買い物ができるアーケードが、僕はなんだかワクワクして大好きなのですが、これも時代なんでしょうね。

途中、雰囲気のいい神社もありましたが、「神様が見ていますよ！　お賽銭は毎日回収しています」と貼り紙がありました。賽銭泥棒が多いのかもしれません。大物はもちろん大悪事は働いたとしても、そんな小さな悪行はしないでしょうから、よそ者の仕業でしょうか。

などと考えながら歩いていたら、ＪＲの尼崎《あまがさき》駅に着いてしまいました。もっとも、大物駅も尼崎市内の駅だったのですが。

そして尼崎と言えば、なんといってもダウンタウンの出身地として有名ですね。僕はかなりのダウンタウンファンなのです。三十年以上前の、ダウンタウンが東京進出してからのほぼすべてのテレビ番組を観ています。

その尼崎の駅からほど近いところに「はまようちぇん」がありました。「これって、浜ちゃんにあやかって名前つけたんじゃないの～?」と思って調べたら、なんと浜ちゃんが実際に通っていた幼稚園だそうです。周りはビルも多く、意外と都会っ子だったんだなあと思いました。

これぞやっぱり大物! ゴジラの缶ジュースも見つけましたし、そろそろ帰りましょう。

と、その前に、ひとつ皆さんに謝らなければならないことがあります。関西地方に住んでる方はもうお気づきだと思いますが、実は……。この駅は「オオモノ」じゃなくて「ダイモツ」と読むのでした～。実は駅に降りた途端「あれっ!?」と気づいていました。それを脳内で強引にかき消すように「ここはオオモノ、オオモノ」と自己暗示にかけて散歩してましたとさ。失礼っ!

第 39 回

船に乗って向かった町「中新湊」

富山県

2022 年 8 月 15 日

一九九六年から「ホルモン鉄道」というユニットをもう二十六年もやっています。同い年の大谷氏というシンガーソングライター（ちなみに「氏」も含めて名前です）とふたりのユニットなのですが、これが僕が現在やってる数多のユニットやバンドの中で一番馬鹿馬鹿しい「小学生のままの下品さと初老の哀愁」がテーマのユニットなのです。曲名からして「包茎ジョナサン」など放送すらできないタイトルが多いので、実際かつてテレビ取材も受けましたが「すみません、曲名がすでに紹介できません」とお蔵入りになったこともありました。

それでもNHKの子供番組には出演したことがあり、それは僕と大谷がやおら服を脱ぎ始め、パンツ一丁になって「正調腹太鼓音頭」という曲で自分の腹をピシャピシャ叩きながら歌うというものでした。もっともこの曲の四番では半ケツを出して尻太鼓を叩くのですが、流石にそこまでは流れませんでしたが。

ちなみに以前、今や恋愛映画の新たな旗手と呼ばれる今泉力哉監督の商業映画第一作として『たまの映画』というドキュメント映画が公開されました。これは映画プロデューサーが「ホルモン鉄道」のライブを初めて観て「くだらなくて笑っちゃうのに何故か涙が止まらない。なんなのこれは!?」と衝撃を受けたらしく「これは映画として残さなければ！　……でもあまりに無名なふたり……あっ、ひとりは元『たま』のメンバーなのね。じゃあ、『たま』括りなら、この人たちも映画に出せる！」と今泉監督を指名して映画を撮らせたという流れもあるので、興味を持った方は是非ライブに足をお運びください。

その「ホルモン鉄道」のライブが富山と金沢でありました。富山ではライブハウスの店長がふざけて僕の名前を石川啄木と書いてました。金沢は21世紀美術館という立派な施設の中にあるきちんとしたホールで、このユニットに似合わないこと甚しかったのですが、主催者からのオファーなので仕方がありません。

相方の大谷氏は、普段は富山在住なので、この期間はずっと彼の自宅に泊まらせてもらいました。そんなことで、今回、ライブ帰りに富山県の中新湊《なかしんみなと》という町を散歩することにしました。なお、昔は新湊市は独立した市でしたが、今は市町村合併して射水《いみず》市となっている、その中心の町のひとつです。

まずは大谷に最寄り駅まで車で送ってもらいました。と、着いたところは船着場でした。そう、今日の目的地の中新湊という町には、船で向かうのです。そして、この船はなんと乗船料が無料なのです！

何故無料かと言うと、そもそも昔はここに港は無くて、鉄道が通っていたそうです。ところが新しく港を作る為に鉄道が撤去されたので、その代わりに無料の船を運行しているということらしいです。こんな無料航路は、日本でここ以外にもあるのでしょうか。知りたいところですね。

乗船の規則がたくさん書かれていましたが、「裸で乗船しないこと」が気になります。通常わざわざ書かないことだと思うので、全裸で乗って来る人が普通に多かったということでしょうか。「たま」時代の僕の曲に、満員の通勤電車で毎日通うのに遂に耐え切れず、パーンとはちきれて全裸で踊り出す「全裸でゴ・ゴ・ゴー」という歌がありますが、ここではそんな光景も日常的に見られるのでしょうか。

また、乗船規則はロシア語でも書かれていました。富山の対岸はロシアなので、昔はロシア人も多く乗っていたようです。

さて、船がやってきました。乗り込んだのは僕と自転車に乗ったおじさんのたったふたりだけでした。ところが、船には中年夫婦らしき人もすでに乗っていて、写真をバシャバシャ撮っていました。無料なのをいいことに、どうやら向こうから乗船して来て、そのまま降りずに戻っていくようです。まぁ、お金のかからない観光ではあるので、賢明とも言えますけどね。

船はそんなに大きくはないのですが、ギュウギュウに詰めれば百人近くは乗れると思います。が、救命胴衣が大人は六名分しかありません。緊急事態になったら、怖ろしい争奪戦になりそうです。もっとも船は五分程で対岸に着くので、泳げる人は泳げ、ということなのかもしれません。ほぼカナヅチの僕は、あっという間に海の藻屑です。モクズではなくモズクなら、少しは人に喜んでいただけるのですが。

港に到着すると、海で分断されてそこから先が無くなってしまった鉄道駅が現れました。始発駅なのに、こじんまりとしてなんだか可愛らしい駅です。乗客は、僕たったひとりだけでした。こんな状態ですと、この鉄道もそして無料の船も、いつか無くなる日も来るんじゃないかと思ってしまいます。これを読んで興味を持たれた方は、是非早めに乗りに行くことをお勧めします。

ようやく本日の目的地、中新湊駅に到着しました。なんだか町はのんびりとして、いい雰囲気です。港町ですから飲み屋さんなども多かったです。暑い夏の日、昼間はほとんど歩いている人はいませんでしたが。

事前に調べておいて入ろうと思っていた趣のありそうな食堂は残念、定休日でした。しかもこの散歩をしたのは八月十五日。お盆真っ只中なので、他のお店も軒並み休んでいました。

お腹が空いてきたので何か食べられるお店を探しますが、なかなか開いているお店がありません。と、道の駅ならぬ川の駅という変わった看板を発見しました。他にも池の駅とか沼の駅とかもあるのでしょうか。行ってみたいです。中に入ると、ここだけは観光施設ということもあり、営業していました。早速カレーライスを注文してガッツキました。昔ながらのカレーライスでおいしかったです。

僕は歌を職業としていますが、叫ぶ系の歌が多い為、過去に何度か喉をつぶして満足に歌えなかった経験があります。そのためライブの当日はもちろん、前日からカレーライスを含む香辛料のあるものを基本絶っているのです。なのでライブが終わった後は、ムショーに辛いものが食べたくなるのです。

川の駅だけあって、風情のある川が眼下に見えました。扉の写真がそうです。いい雰囲気ですね。

そのまま海に出てみました。対岸にうっすら見えるのは能登半島だと思われます。そしてそのさらに先はロシアです。昔、シベリアの奥地のマガダンという、戦時中に強制収容所の拠点となった町にライブツアーで行った時は、現地の主催者に、絵に描いた様にウオッカ勝負を挑まれたこともありました（勝ちました）。

また「この町で一番おいしい店はどこ？」と聞いたらロシア料理屋ではなく韓国料理屋を教えられ、飲むことになりました。ツマミに、とりあえずすぐ出て来るキムチを頼んだのに一向に出て来ません。三十分ほど経って「はい、どうぞー」と出て来たのはキムチではなくてチヂミでした。韓国からシベリアの奥地に着くまでの間に、誰かが間違えて伝えてしまったのでしょうね。

と、そんな少し異国情緒の感慨にふけりながら、本日は立山連峰が綺麗な富山を後にしたいと思います。

あとがき

　実は一年ちょっと前に、死にかけました。元々虚弱体質で子供の頃からずっと年に何回かは高熱を出す、という持病があったのですが、その時もその症状が出ました。「ああ、また来たか」と思い、いつものように解熱剤を服用しました。ところが今回はなかなか熱が下がらず下痢も酷かったので掛かり付けの内科医に行き血液検査をしてもらいました。翌日、検査結果を聞く為に電話をすると「とんでもない数値が出ている。今すぐ救急車を呼んで大学病院に行ってください！　もう病院に連絡は取ってありますからっ！」と言われて人生で初めて救急車で緊急搬送されました。自分では高熱に慣れているので大したことないと思っていたのですが、結局二週間入院して点滴などを受け、血液の数値が正常に戻ったので退院となった時に、こう言われました。「実は搬送されてきた時、天国に行ってしまう可能性も半々だったんだよ」と。そこまでの病状だと思っていなかったので驚愕しました。なのでいつ人生が終わってしまうかわからない年齢になってきたのだな、ということを知りました。

　そして昨年の元日に遅い朝食を取ってのほほんとテレビを点けていると突如あの能登地震の一報が入り、画面に釘付けになりました。「今年も良い年でありますように」などと笑いながらお節をつまんでいた人たちが、何の前触れもなく一瞬にして人生が終わってしまうその現場を見てしまったのです。この地震と自身の病気で僕はハッキリと思ったことがあります。「人は必ず死ぬ。そしてタイムリミットは確実にある。なのでそれまでの間、有意義になるべく楽しく日々を生きていこう」と。そして僕の有意義とはひとつはヘナチョコな音楽活動であり、ひとつは妻と寝そべりながらの馬鹿馬鹿しいフフフの噂話であり、そしてひとつはこんなへらへらとした町歩きなのです。なのでこれからも命があって足が動く限り、こんなくだらなくも「なんじゃこれは!?」を探す愉快な散歩ができたらいいなと、心に強く思いました。最後に、そんなことを思いながら出来た自作曲があるので、その詞を紹介して、あとがきとさせていただきたいと思います。

……と、あっ、最後に大事なことを書き忘れました。元々朝日新聞社で始まったwebマガジン「DANRO」でこんなエッセイを連載させていただいた編集長の亀松太郎氏、そしてそもそも写真にツッコミがメインだったこのエッセイを文章だけにうまく削げ落としてまとめていただいた飲み仲間でもある編集の平田昌幸さんには、格別の謝辞を述べさせていただきます。ありがとうございました。今後も「大人のニヤニヤ悪巧み」を一緒にできたらいいなっ!

ソフトムリーク

作詞・作曲　石川浩司

二百年生きた人はどこにもいないのだから
僕も君もタイムリミットが近づいてる
それまで何しよう？　僕はわからないから
とりあえずお布団にもぐってうたたねするよ　グースカピー

死んだらゆっくり眠れるなんて
それはね　本当は　嘘なんだよ
気持ち良く眠れるのは生きている間だけなんだよ
だから僕は明日おはようを言うためにおやすみを言うよ

エベレーター　ネヨマーズ　ヘコリプター　ソフトムリーク

地震・雷・火事・ビョーキ
もしかしたらタイムリミットは明日かも知れないんだよね
だからせめて今はみんなに気づかれないようにコッソリ手を繋ごうよ
いつか忘れてしまうことはわかっているけどそれは今は忘れておいてさ

ああいなくなっちゃった人たちはここから見えない星の裏側で
今も何かに夢中になってもう走り始めているんだろ
時間のない世界はずっとおかしな夜で
おいしいごはんもたっぷりあるんだろう

エベレーター　ネヨマーズ　ヘコリプター　ソフトムリーク
エベレーター　ネヨマーズ　ヘコリプター　ソフトムリーク

二百年生きた人はこの世界のどこにもいないのだから
過去も未来も幻で　時なんてものは今以外どこにも無いのだから

地味町《じみまち》ひとり散歩《さんぽ》

~「たま」のランニングの大将放浪記《たいしょうほうろうき》~

2025年3月22日第一刷発行

著　者◉石川浩司《いしかわこうじ》
発行者◉島野浩二
発行所◉株式会社双葉社
〒162-8540 東京都新宿区東五軒町3番28号
☎03-5261-4818（営業）
☎03-5261-4844（編集）
印刷所◉中央精版印刷株式会社
製本所◉中央精版印刷株式会社
装　幀◉星野ゆきお VOLAREinc.

落丁・乱丁の場合は送料双葉社負担でお取り替えいたします。「製作部」あてにお送りください。ただし、古書店で購入したものについてはお取り替えできません。
☎（製作部）03-5261-4822

定価はカバーに表示してあります。

双葉社ホームページ https://www.futabasha.co.jp（双葉社の書籍・コミック・ムックが買えます）

ISBN978-4-575-31958-3 C0095
JASRAC 出2500720-501